운명을 뛰어넘은 불멸의 음악가
베토벤

본문 그림 **손만진**
손만진 선생님은 홍익대학교에서 서양화를 전공했으며 출판미술협회 회원으로 활동하고 있습니다.
주로 광고 및 아동도서 일러스트 작업을 하고 있습니다.

부록 그림 **김부일·정재환**
김부일 선생님은 〈한국일보〉에서 일러스트, 인포메이션 그래픽 업무를 했으며
'뉴시스' 멀티미디어 팀 부장, 〈데일리줌〉 만화 팀장 등을 역임했습니다.
현재 (주)김부일커뮤니케이션을 설립하여 다양한 기획 및 일러스트를 진행하고 있습니다.
정재환 선생님은 〈데일리줌〉에 만화 〈핑크롤〉을 연재했으며 싸이월드의 스킨 작업에 참여했습니다.
현재 프리랜스 일러스트레이터로 활동하고 있습니다.

표지 그림 **청설모**
청설모 선생님은 중앙대학교에서 한국화를 전공했으며
〈스포츠서울〉, '다음 미디어', 〈씨네21〉 등 다양한 대중 매체에 만화를 연재해 왔습니다.
이 밖에 'SK 텔레콤' 등에 플래시 애니메이션을 제작해 제공하기도 했습니다.

웅진**생각쟁이인물** 28

베토벤

초판 1쇄 발행 2007년 10월 22일
초판 6쇄 발행 2011년 12월 12일

지 은 이 윤오복
발 행 인 최봉수
총편집인 이수미
편 집 인 신지원
편집진행 구준회 김혜영 오희은 이선주
디 자 인 dnb_이영수 박소연 www.idnb.co.kr
사진제공 포인스 연합포토 유로포토
마 케 팅 박창흠 최재근 이승아 박종원 신동익
제   작 최서윤

임프린트 씽크하우스
주   소 서울시 종로구 동숭동 199-16 웅진빌딩
주문전화 02-3670-1570,1571 팩스 02-747-1239
문의전화 02-3670-1192 (편집) 02-3670-1024 (영업)

발 행 처 (주)웅진씽크빅
출판신고 1980년 3월 29일 제406-2007-00046호

ISBN 978-89-01-07220-3
ISBN 978-89-01-07192-3(세트)

씽크하우스는 (주)웅진씽크빅 단행본개발본부의 임프린트입니다.
이 책은 저작권법에 따라 보호받는 저작물이므로 무단 전재와 무단 복제를 금지하며,
이 책 내용의 전부 또는 일부를 이용하려면 반드시 저작권자와 (주)웅진씽크빅의 서면동의를 받아야 합니다.

· 잘못된 책은 바꾸어 드립니다.
· 책값은 뒤표지에 있습니다.

웅진생각쟁이인물 28

운명을 뛰어넘은 불멸의 음악가
베토벤

윤오복 지음

머리말

음악으로
세상을 밝힌 베토벤

　가만히 보면 베토벤은 좀 이상한 사람입니다. 고집쟁이에다 사람들을 사귀는 일에도 서툴렀지요. 외모는 볼품이 없는데 차려입고 치장하는 것을 귀찮아해서 되는 대로 아무렇게나 입고, 머리도 헝클어진 채 산책을 다니곤 했습니다. 하지만 그것은 어디까지나 겉모습일 뿐이었습니다. 무엇보다 베토벤은 자연을 사랑하는 사람이었습니다. 이사를 수없이 다녔지만 베토벤이 이사하는 데 가장 중요하게 생각한 점은 창밖에 아름다운 경치가 펼쳐져 있느냐 하는 점이었습니다. 베토벤은 자신이 사랑하는 자연 속을 거닐며 악상을 떠올렸습니다. 머릿속에서 떠다니는 악상을 이리저리 조합하느라 입고 있는 옷이나 머리 모양 따위는 안중에 없었지요.
　어린이들의 눈높이에 맞추어 베토벤의 삶을 풀어 쓰는 내내 나는 행복했습니다. 아니, 슬펐습니다. 베토벤의 음악을 들으면서 행복했고, 가슴 아픈 그의 삶을 알면서부터는 슬펐습니다.
　어린 시절 베토벤은 주정뱅이 아버지에게 혹독한 음악 교육을 받았습니다. 하지만 동시에 그 혹독한 음악으로부터 위안을 찾았지요. 음악은 사람을 위안하는 강한 힘을 가지고 있기 때문입니다. 나는 베토벤에 푹 빠져 지내면서 주전자에서 폭폭 끓는 물소리가 음악으로 들리는 기이한 경험을 했습니다. 다른 사람에게는 물이 보글보글 끓는 소리가 내게는 기막히게 아름다운 음악으로 들린 것입니다. 그것은 아마도 베토벤이 내게 준 선물이 아닐까 생각합니다.

　어린이 여러분도 베토벤처럼 견디기 어려운 시련을 딛고 일어설 그 무엇, 세상에서 무엇과도 바꿀 수 없는 소중한 자기만의 세계를 가지길 바랍니다. 그것은 음악일 수도 있고 또 다른 무엇일 수도 있습니다. 나는 사람이 정말 간절한 소원을 가지고 있다면 그것이 이루어진다고 믿고 있습니다.

　어린이 여러분도 아주 소중하고 아름다운 소원을 가지고 거기에 집중해 보세요. 매일 소원을 이룰 방법을 생각하고, 기도한다면 분명 이루어질 것입니다.

윤오복

차례

머리말 ... 4

무뚝뚝한 거장 ... 8
<생각쟁이 열린마당> 나폴레옹과 빈 회의 ... 17

눈물에 젖은 건반 ... 20
<생각쟁이 열린마당> 예술가의 후원자들 ... 33

베토벤의 수업 시절 ... 36
<생각쟁이 열린마당> 모차르트와 하이든 ... 45

시련 속에 쓴 유서 ... 48
<생각쟁이 열린마당> 장애를 기회로 바꿀 수도 있다 ... 59

영웅 교향곡 ... 62
<생각쟁이 열린마당> 예술가와 정치 ... 74

베토벤을 만든 사람들 ······················· 76

베토벤의 위기 ····························· 88

생각쟁이 열린마당 괴테와 실러 ··············· 99

마술을 부리는 베토벤의 음악 ················ 102

생각쟁이 열린마당 한국의 작곡가, 윤이상 ····· 114

숭고한 예술가 ···························· 118

불멸의 음악 ······························ 130

생각쟁이 열린마당 판소리와 오페라 ·········· 142

베토벤의 발자취 ·························· 144

무뚝뚝한 거장

대성공을 거둔 연주회

 1813년의 어느 날이었습니다. 중년에 접어든 루트비히 판 베토벤은 아침부터 부지런히 연주회에 갈 준비를 했습니다. 본래 외모를 꾸미는 데는 통 관심이 없지만, 그날은 깨끗하게 씻고 제멋대로 자란 머리칼도 좀 다듬었습니다. 베토벤은 하인이 옷을 가져올 때까지 잠시 창가에 서서 창밖을 바라보았습니다. 창밖에는 그가 사랑하는 빈의 겨울 풍경이 펼쳐져 있었습니다. 봄부터 가을까지 예쁜 꽃들이 피어 있던 발코니에는 차가운 바람이 스쳐 지나고 있었습니다. 어제 내린 눈이 얼어서 거리가 미끄러운지, 사람들이 조심스럽게 걸음을 내딛고 있는 모습이 보였습니다.

베토벤은 피아노 앞으로 가서 선 채로 건반을 두드리다가 악보에 음표 몇 개를 그려 넣었습니다. 그러다 자기도 모르게 작곡에 빠져들어 하인이 들어오는 것도 몰랐습니다. 아니, 실은 귀가 잘 들리지 않아 문이 열리는 소리를 듣지 못한 것입니다.

"나리, 옷이 준비되었습니다."

"음, 알았네."

베토벤은 외투를 입고 밖으로 나갔습니다. 말 네 마리가 허연 콧김을 내뿜으며 기다리고 있었습니다.

"안녕하십니까, 나리! 오늘은 얼굴이 훤하십니다."

마부가 모자를 벗으며 친근하게 인사를 건넸지만 베토벤은 얼굴을 찌푸렸습니다.

"어디로 가는지는 잘 알고 있겠지?"

베토벤의 무뚝뚝한 성격을 잘 알고 있는 마부는 웃으며 말에 올라탔습니다.

"알고말고요. 자, 바람같이 달려가겠습니다."

이윽고 경쾌하게 따각이는 소리를 내며 마차는 앞으로 달려 나갔습니다.

1813년 12월 8일, 오스트리아의 빈에서는 하나우 전투에서 부상당한 군인들을 위로하는 연주회가 열리기로 되어 있었습니다. 옛

빈 대학에서 열리는 이 연주회에서 베토벤은 자신의 작품인 교향시 '웰링턴의 승리'와 교향곡 제7번을 직접 지휘하기로 예정되어 있었습니다. 연주회장은 제법 넓은 곳이었지만 많은 사람들이 몰려들어 발 디딜 틈이 없을 지경이었습니다. 무대 뒤편에는 당시 빈에서 활동하던 최고의 음악가들이 거의 다 와 있었습니다. 궁정 악장인 살리에리와 후멜, 최고의 바이올리니스트인 슈판치히, 마이제더 등 수많은 음악가들이 이 축제에 참가했습니다. 이들은 베토벤을 보자 다가와 인사를 나누었습니다. 이날의 주인공은 누가 뭐래도 베토벤이었기 때문입니다.

교향시 시나 그림에서 영향을 받은 관현악 작품.
교향곡 관악기와 현악기 등이 함께 연주하는 여러 악장으로 이루어진 곡.

"어서 오십시오, 베토벤 선생."
"안녕들 하시오."
"자, 오늘 우리 제대로 한번 즐겨 봅시다."

이 연주회는 축제의 성격이 강했습니다. 그래서인지 모두들 조금씩 흥분되어 있었습니다. 시작할 시간이 다가오자 연주자들이 각자 자리에서 악기를 점검하기 시작했습니다. 연주자들이 내는 악기 소리와 청중들이 웅성거리는 소리는 거대한 구름 같은 소음을 만들어 냈지만 베토벤은 굳은 표정으로 말없이 무대 뒤에 앉아 있었습니다. 귀가 잘 안 들리는 베토벤에게는 그 소리가 아주 멀리서 나는 것처럼 희미하게 들렸기 때문입니다.

이윽고 베토벤이 무대로 걸어 나오자 웅성거리던 연주회장이 조용해졌습니다. 베토벤은 지휘하는 자리에 서서 연주자들을 죽 둘러보았습니다. 그 자리에 있는 청중들과 연주자들 모두 숨을 죽인 채 베토벤의 손끝을 바라보고 있었습니다. 베토벤이 지휘봉을 들어 올려 신호를 하자 악기들이 아름다운 소리를 내기 시작했습니다.

베토벤이 작곡한 교향곡 제7번은 듣는 사람의 가슴이 쿵쾅거리도록 흥분시키면서 용기를 솟구치게 하는 이상한 힘을 가지고 있었습니다. 전쟁이 끝난 바로 뒤였기 때문에, 오스트리아 사람들은 애국적인 기상이 유감없이 표현된 '웰링턴의 승리'에 특히 열광했습니다. 청중들은 끝없는 갈채와 환호를 보내 이 위대한 작곡가에게 존경과 사랑을 보냈습니다. 당시 빈의 한 신문은 '박수갈채가 황홀할 정도로 드높아졌다.'고 썼습니다. 연주회는 대성공을 거두었습니다.

모든 연주자들이 자리에서 일어나 박수로 이 거장에게 진심 어린 찬사를 보냈습니다. 연주회를 주최한 멜첼은 기쁨과 감동을 감추지 못하고 베토벤을 끌어안았습니다.

"축하합니다. 베토벤 선생, 대성공이에요. 이제 유럽 사람이라면 누구나 선생의 이름을 알게 될 겁니다!"

하룻밤 사이에 베토벤은 '빈의 음악가'가 아니라 유럽 전체에서 주목받는 음악가로 떠올랐습니다. 이날의 성공에 힘입어 당시 빈에 모여든 유럽의 귀족들은 베토벤의 음악을 직접 듣고 그 명성을 확인하고 싶어했습니다. 이날의 성공 덕분에 베토벤의 연주회는 며칠 뒤 또 열렸고, 다음 해 초반까지 이어졌습니다.

고집불통의 왕

베토벤의 인기가 갑자기 치솟자 극장 주인들은 베토벤이 쓴 오페라 〈피델리오〉를 다시 무대에 올리자고 제안했습니다. 베토벤이 1805년에 쓴 유일한 오페라 작품인 〈피델리오〉는 한 여자가 소년으로 변장해 감옥에 갇힌 남편을 구한다는 내용입니다. 〈피델리오〉는 프랑스 혁명 당시 실제로 있었던 일을 오페라로 만든 것이었습니다. 베토벤은 이 이야기에서 자신의 이상적인 여성상을 그렸습니다. 그것은 영원히 변치 않는 애정을 지닌 여인이었습니다.

오페라 음악을 중심으로 연기, 무대 장치 등이 어우러진 종합 예술.

프랑스 혁명 일부 계층만 특권을 누리던 사회 구조의 불평등에 대항하여 1789년 프랑스 시민들이 일으킨 혁명. 왕을 몰아내고 민주적인 정치 체제를 세웠으며 자유와 평등의 가치를 전 유럽에 전파하였음.

그런데 〈피델리오〉는 몇 번이나 무대에 올랐지만 번번이 실패해서 버림받은 것이나 다름없는 작품이었습니다. 처음에 이 오페라의 제목은 주인공의 이름을 딴 〈레오노레〉였습니다. 이 오페라가 처음 선보인 것은 프랑스군이 오스트리아를 점령하고 있을 때였습니다. 전쟁 중이라 귀족들은 모두 도망가고, 사회 분위기도 어수선하고 불안하기 짝이 없었습니다. 연주회장은 프랑스 군인들로 꽉 들어찼고 청중들의 반응은 싸늘했습니다.

"너무 길고 어려워서 도무지 재미가 없군요."

사람들은 고개를 저었습니다.

극장 주인을 비롯한 베토벤의 친구들은 베토벤에게 작품의 길이를 줄이고 좀 더 쉽게 다시 쓰면 어떻겠느냐고 권했습니다. 하지만 베토벤은 고집불통이었습니다.

"난 내 작품에서 음표 하나도 뺄 수가 없소!"

베토벤은 악보를 챙겨 들고는 뒤도 돌아보지 않고 나가 버렸습니다. 하지만 결국은 마음을 바꾸어 이 작품을 대중의 입맛에 맞게 손질해 다시 공연했습니다. 첫 번째 공연보다는 관객이 좀 더 들어왔지만 두 번째 공연 역시 예상에 훨씬 못 미치는 결과였습니다.

돈을 벌지 못한 극장 주인은 다시 투덜거렸습니다.

"예전에 모차르트의 오페라를 공연할 땐 관객이 구름처럼 모여들었는데……."

모차르트라는 이름을 듣자 베토벤은 불같이 화를 냈습니다.

"나는 대중의 흥미를 충족시키기 위해 작곡하는 사람이 아니오. 음악을 진정으로 이해하고 사랑하는 사람들을 위해 작곡을 한단 말이오. 당장 내 악보를 돌려주시오!"

이렇게 해서 이 오페라는 사람들에게 잊혀지고 말았습니다. 베토벤은 이처럼 자신의 음악을 이해하지 못하는 사람들에게는 퉁명스럽게 화를 내기 일쑤였습니다.

결국 오랜 시간이 지난 뒤, 극장 주인과 친구들의 끈질긴 권유를 받아들여 베토벤은 대본 작가를 새로 만나 오페라를 다시 썼습니다. 이렇게 여러 번 고쳐서 탄생한 오페라 〈피델리오〉는 1814년 5월에 막을 올려 엄청난 성공을 거두었습니다. 1막이 끝난 뒤 베토벤은 관객들의 열광적인 갈채를 받았습니다. 빈 시민들뿐 아니라 유럽 각국의 귀족들과 정치가, 예술 애호가들이 모두 그 자리에 참석해 베토벤이라는 최고의 음악가에게 아낌없는 환호를 보냈습니다.

1814년에서 1815년 사이에 빈에서는 역사적인 빈 회의가 열리고 있었습니다. 빈 회의는 나폴레옹이 자리에서 물러나자 유럽의 여러 나라들이 모여 유럽의 평화 조약을 체결하기 위한 것이었습니다. 각 나라의 이해가 복잡하게 얽혀 있던 터라 회의는 오랜

빈 회의 나폴레옹이 유럽의 여러 나라를 상대로 벌인 나폴레옹 전쟁이 끝나자, 이로 인한 혼란을 줄이고 유럽을 전쟁 전 상태로 되돌리기 위해 오스트리아의 주도로 영국, 프로이센, 러시아 등이 모여서 연 회의. 오스트리아의 빈에서 열렸기 때문에 '빈 회의'라고 부름.

시간 계속되었습니다.

　빈 회의가 계속 진행되는 동안 오스트리아의 빈은 축제 분위기에 휩싸였습니다. 빈 회의에는 정치가들만 참석한 것이 아니라 그 수행원들과 각국의 대사들, 왕족, 귀족, 사교계˚ 인사들이 모두 참석했으므로 방문객만 수천 명에 달했습니다. 무도회와 연회, 발레, 오페라 등이 끝없이 이어졌습니다. 사실 베토벤이 거둔 성공도 이런 시대적 배경이 있었기 때문에 가능했습니다. 음악 활동을 후원해 줄 사람들을 만날 기회가 자연스레 많아졌기 때문입니다. 베토벤의 후원자인 루돌프 대공과 라주모프스키 백작은 빈에 모여든 왕족과 귀족들에게 베토벤을 소개했습니다. 베토벤은 그들에게 곡을 헌정˚했고, 귀족들은 베토벤이 만든 훌륭한 곡에 환호를 보냈습니다. 그리고 답례로 많은 선물과 후원금을 보냈습니다.

사교계 여러 사람, 특히 상류 계층의 사람들이 모여 서로 사귀고 어울리는 모임.

헌정 어떤 대상에게 무엇을 바침. 주로 책이나 음악을 누군가에게 바칠 때 씀.

　베토벤은 후원자들의 도움으로 더 많은 곡들을 만들어 낼 수 있었습니다. 베토벤의 명성은 유럽 전체에 퍼졌습니다. 이 덕분에 베토벤은 1815년, 빈의 명예 시민권을 얻을 수 있었습니다. 독일의 본에서 태어나 음악을 위해 오스트리아의 빈으로 온 베토벤은 그때까지는 법적으로 빈의 시민이 아니었습니다. 베토벤은 자신이 빈의 시민이 된 것을 평생 무엇보다 자랑스럽게 여겼습니다.

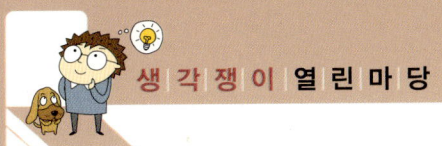

나폴레옹과 빈 회의

1789년 프랑스에서 대대적인 혁명이 일어났다. 이 혁명은 왕과 소수의 귀족들이 다스리는 봉건 제도를 반대하고, 신흥 부르주아지 계급과 평민들도 정치적으로 중요한 결정을 내릴 수 있게 하기 위해 일어난 것이었다. 당시 프랑스는 유럽에서 가장 인구가 많기 때문에 늘 식량이 부족했다. 경제적으로 풍요롭지 못했던 평민들의 불만은 높아질 수밖에 없었다. 또한 정치와 사회 분야에 전면적인 개혁이 필요하다는 생각이 널리 퍼져 있었다. 그러나 왕족과 귀족들은 이러한 사회의 변화를 받아들이지 않았다. 이러한 여러 가지 원인은 결국 혁명을 불러일으켰다.

위기감을 느낀 왕당파와 유럽의 귀족들은 힘을 합쳐 프랑스의 시민 혁명군을 공격해 왔다. 이로 인해 프랑스는 전쟁에 휘말리게 되었다. 이때 군인이었던 나폴레옹이 전쟁에서 큰 공을 세우며 프랑스 국민의 절대적인 사랑과 지지를 받기 시작했다.

1804년, 대다수 프랑스 국민의 지지 속에서 나폴레옹은 스스로 황제가

되어 종교와 교육, 국방, 행정 등에서 대대적인 개혁을 실시했다. 그러나 정치와 언론, 출판의 자유를 억압하고 독재를 휘두르면서 나폴레옹은 점점 국민들의 지지를 잃기 시작했다. 나폴레옹이 러시아 원정에서 실패한 뒤 영국, 오스트리아, 프로이센은 동맹을 맺어 재빨리 프랑스를 공격했다. 나라 안팎에서 지지 기반을 잃은 나폴레옹은 물러날 수밖에 없었고, 1821년 결국 세인트 헬레나 섬에서 사망했다.

한편, 나폴레옹을 물리친 오스트리아, 프로이센, 영국, 러시아 4개국은 나폴레옹이 물러나기 전에 모여서 프랑스와 특별 동맹을 체결했다. 이를 뒤따라 많은 나라들도 평화 조약을 체결했다.

그리고 1814년 9월, 각국의 대표들은 오스트리아의 빈으로 모여들었다. 전쟁이 남긴 과제들을 수습하기 위해 회의를 개최했던 것이다. 그 결과 121개 조로 이루어진 빈 의정서가 탄생했다. 빈 의정서는 프랑스를 혁명 이전의 왕정 체제로 돌려놓는 것과 유럽 강대국 간의 세력 균형 문제에 초점이 맞추어져 있었다. 그 결과 오스트리아, 프로이센, 네덜란드, 영국은 새로운 영토를 얻게 되었으며 스위스는 영세 중립국이 되었다. 또한 그때까지 통일 국가를 이루지 못하고 있던 독일은 독일 연방을 성립시켰다. 프랑스, 에스파냐, 나폴리는 이전처럼 국왕이 통치하는 전제 군주제로 돌아갔다. 이처럼 빈 회의는 프랑스 혁명으로 크게 흔들린 유럽을 원래 위치로 되돌려 놓는 계기가 되었다.

한편, 빈 회의가 진행되는 동안 오스트리아의 외무 장관 메테르니히는 회의가 어려움에 부딪칠 때면 향연과 무도회를 베풀었는데 각국의 대표들은 이러한 사교 모임에만 열중해서, "회의는 춤을 추나 회의 진척은 없다."라는 비판을 빚기도 했다.

눈물에 젖은 건반

주정뱅이 아버지

해마다 성 마리아 막달레나 축일*이면 요한 판 베토벤 집안에서는 잔치가 벌어졌습니다. 궁정 합창단원인 베토벤의 아버지 요한이 친구 악사들을 불러 흥겨운 연주를 했기 때문입니다. 악기 중에 가장 으뜸은 쳄발로였습니다. 쳄발로는 피아노가 만들어지기 전에 사람들이 치던 건반 악기로서 점점 발전을 거듭해 오늘날의 피아노가 된 악기입니다.

잔치는 밤 10시쯤 시작되어 새벽녘까지 계속되었습니다. 음악이 시작되면 잠들었던 이웃들도 하나 둘 깨어나 베토벤의 집으로 와 잔치를 함께 즐겼습니다. 연주가 끝나면 식탁에 맛있는 음식이 잔뜩 차려지고, 사람들은 실컷 먹고 마신 뒤 마룻바닥을 쿵쿵 울리며 즐겁게 춤을 추었습니다. 마룻바닥을 울리는 소리가 너무 요란해서 신발을 벗고 춤을 추었지만 쿵쿵거리는 소리까지 없앨 순 없었습니다. 사람들은 먹고 마시고 떠들면서 이날을 마음껏 즐겼습니다.

성 마리아 막달레나 축일
매해 7월 22일, 가톨릭에서 예수를 따랐던 여성들 중 한 명인 성녀 마리아 막달레나를 기념하는 날.

베토벤의 아버지는 동네에서 알아주는 주정뱅이였습니다. 아버지는 가족을 돌보는 것보다 밖에서 친구들과 어울려 술 마시는 것을 더 좋아했습니다. 그래서 밤새 술을 마시고 동이 틀 때가 되어서야 들어오는 일이 많았습니다. 이 때문에 베토벤의 어머니는 마음고생을 하곤 했습니다.

잔치가 절정에 다다르자 술이 잔뜩 취한 아버지는 곤히 잠들어 있는 아들을 흔들어 깨웠습니다.

아버지가 베토벤을 데리고 나오자 어머니는 깜짝 놀랐습니다.

"아니, 여보. 자고 있는 아이를 왜 데리고 나오는 거예요?"

"당신은 잠자코 있어요. 우리 루이지는 이제 아기가 아니야. 음악을 공부할 나이가 되었다고. 모차르트도 다섯 살부터 작곡을 했단 말이야!"

루이지는 베토벤이 어렸을 때 불렸던 이름입니다. 사람들은 와하하 웃으며 베토벤의 아버지 말에 장단을 맞추었습니다.

"물론이지! 모차르트가 했는데 루이지라고 왜 못하겠어?"

아버지는 어머니에게 가려는 베토벤을 거칠게 잡아 쳄발로 앞에 앉혔습니다.

"잘 들어라, 루이지! 이제부터 내가 하는 걸 보고 잘 따라 하도록 해. 자, 손가락을 이렇게 놓고 움직여 보아라. 어서! 너도 한번 해 봐."

아직 잠이 덜 깬 베토벤은 이제 겨우 네 살이었습니다. 베토벤은 아버지가 하는 대로 쳄발로를 쳤습니다. 그러자 사람들이 놀라 눈을 휘둥그렇게 떴습니다.

"오! 제법인데."

아버지는 신이 났습니다.

"그럼 그렇지! 할아버지는 궁정 악장이셨고 애비도 궁정 가수니 그 핏줄을 물려받았겠지! 잘 들어라, 루이지. 이제부터 매일 쳄발로 치는 법을 가르쳐 주겠다."

다음 날부터 아버지는 어린 베토벤을 하루도 빼놓지 않고 혹독하게 연습시키기 시작했습니다. 베토벤은 작은 손으로 늦은 밤까지 쳄발로를 연습하곤 했습니다. 옆에서 감시하던 아버지가 술에 취해 곯아떨어져도 베토벤은 연습을 계속했습니다.

어느 날, 베토벤은 동네 친구들과 함께 피셔 부인 댁 닭장에서 달걀을 가지고 장난을 치고 있었습니다. 그런데 그때 어머니가 다급하

베토벤의 생가 독일의 본에 위치하고 있으며 예전에는 초라한 모습이었지만 지금은 관광객들의 발길이 분주하다.

게 부르는 소리가 들렸습니다.

"루이지! 루이지, 어디 있니?"

아버지가 들어온 모양이었습니다. 베토벤은 따끈따끈한 달걀을 친구에게 건네주고 집으로 돌아오는 길이었습니다. 아버지보다 한 발짝이라도 빨리 집으로 가서 연습하는 척해야 했기 때문입니다. 하지만 아버지는 이미 술에 취해 불콰해진 얼굴로 서서 베토벤을 기다리고 있었습니다.

"내 이럴 줄 알았다니까! 어린 녀석이 벌써 아비 말을 안 들어?"

아버지는 베토벤을 때리기 시작했습니다. 호되게 맞고 나서 베토벤은 눈물을 닦을 틈도 없이 쳄발로 앞에 앉아 연습을 하기 시작했습니다. 눈물이 고여 건반이 흐릿해 보일 때도 있었지만 베토벤은 아버지가 그만 하라고 할 때까지 잠시도 쉬지 않고 몇 시간씩 연습을 했습니다. 한밤중이 되어 식구들이 모두 잠든 뒤까지 베토벤은 쳄발로를 치고 또 쳤습니다.

비록 아버지가 강요해 시작한 연주 수업이었지만, 시간이 흐르면서 베토벤은 차차 연주를 즐기게 되었습니다. 아버지가 집에 없거나 가족이 모두 집을 비운 조용한 시간이면 베토벤은 누가 시키지 않아도 차분히 앉아서 쳄발로를 쳤습니다. 꼬마 베토벤은 음악에서 위안을 받고 즐거움을 찾았습니다.

열한 살짜리 프로 음악가

아버지는 베토벤의 연주 실력이 하루가 다르게 좋아지자 자신이 가르치는 것에 한계가 있다고 생각하게 되었습니다. 그래서 베토벤을 다른 선생님들에게 데려가 교습을 받도록 했습니다. 베토벤은 이러한 아버지의 배려 덕분에 쳄발로 연주 외에도 오르간과 바이올린, 호른 등 다양한 악기의 연주법을 배웠습니다.

1781년 열한 살이 된 베토벤은 작곡가이자 궁정의 오르가니스트이며 지휘자인 네페를 만났습니다. 네페는 베토벤이 비범한 재능을 지닌 아이라는 것을 첫눈에 알아보았습니다. 네페는 베토벤을 전문적인 음악가로 훈련시키는 동시에 작곡가로도 교육시켰습니다.

이러한 체계적인 훈련 덕분에 베토벤은 이듬해 궁정의 오케스트

쳄발리스트 16~18세기에 널리 쓰이던 건반 악기인 쳄발로를 직업적으로 연주하는 사람.

소나타 16세기 이후 서양 음악에서 발달한 악곡의 형식으로 기악을 위한 독주곡 또는 실내악임.

선제후 제후란 일정한 영토를 가지고 그 영토 내의 백성을 지배하는 권력을 가진 사람을 말함. 이중에서도 선제후란 독일에서 황제 선거권을 가진 제후를 가리킴.

라 쳄발리스트가 되었습니다. 그리고 열세 살부터는 보조 오르가니스트로 임명되어 봉급을 받기 시작했습니다. 네페가 바쁠 때면 대신 오케스트라를 지휘하기도 했습니다. 어린 나이에 전문적인 음악가 노릇을 하게 된 것입니다.

네페에게 작곡을 배우면서 베토벤은 '드레슬러의 행진곡에 의한 9개의 변주곡' 모음과 쳄발로 소나타 3곡, 피아노 협주곡 등 몇 개의 작품을 작곡해 출판했습니다. 네페는 베토벤의 아버지와 달리 온화하고 학식이 풍부한 지식인이었습니다. 그는 항상 베토벤을 따뜻하게 대해 주었습니다. 베토벤도 네페를 마음 깊이 존경하고 따랐습니다. 모차르트처럼 타고난 천재라는 찬사를 듣지는 못했지만, 네페의 관심과 격려 덕분에 베토벤은 탁월한 실력을 갖춘 음악가로 성장해 나갈 수 있었습니다.

1787년 베토벤이 열일곱 살 되던 해에 독일 본의 선제후 막시밀리안 프란츠가 베토벤의 재능을 알아보았습니다. 베토벤은 선제후가 써 준 소개장을 가지고 빈으로 가서 모차르트를 만났습니다. 자신을 가르쳐 줄 음악 선생님을 찾아야 했기 때문입니다. 베토벤이 찾아갔을 때 모차르트는 작곡하느라 너무 바빠서 본에서 올라온 이 젊은이에게 많은 시간을 내주지는 못했습니다. 그러나 베토벤의 즉흥 연주를 들은 뒤 그의 재능을 알아보고, 친구들에게 이 젊은이는 장차 위대한 인물이 될 것이라고 이야기했습니다.

하지만 베토벤은 모차르트에게 배우지 못하고 곧장 본으로 돌아가야 했습니다. 어머니가 위독하다는 전갈을 받았기 때문입니다. 얼마 안 가 어머니는 세상을 떠나고 말았습니다. 여동생도 뒤이어 병으로 세상을 떠났습니다.

쳄발로 하프시코드라고도 불리며 16~18세기에 주로 유럽의 궁중과 귀족들 사이에서 사용되었던 건반 악기이다.

아내와 딸이 연이어 세상을 떠나자 아버지의 알코올 중독은 점점 더 심해져서 더 이상 집안을 책임질 수 없게 되었습니다. 결국 맏아들인 베토벤이 생계를 꾸려 나가야 했습니다. 마을 사람들이 아버지가 엉망으로 술에 취해 있다고 알려 주면, 베토벤은 두 남동생을 데리고 가서 조용히 아버지를 집으로 데려오곤 했습니다.

다행히 베토벤은 궁정과 극장 오케스트라에서 탁월한 실력자로 손꼽혔으므로 귀족이나 그 자녀들에게 음악을 가르치고 받는 보수로 가족을 부양할 수 있었습니다. 그리고 귀족들의 후원을 받으며 좋은 친구를 많이 사귈 수 있었습니다. 이때 만난 브로이닝과 베겔러, 이 두 사람은 베토벤과 평생 동안 우정을 쌓는 친구가 되었습니다.

빈 최고의 음악가로

1792년, 스물두 살의 실력 있는 음악가로 성장한 베토벤은 다시 빈으로 향했습니다. 당시 빈은 정치적으로나 경제적으로 유럽의 중심 역할을 했고, 그런 만큼 문화와 예술도 발달해 있었습니다. 뛰어난 예술가는 빈에서 좋은 스승을 만날 수 있었고, 귀족들의 후원도 받을 수 있었습니다. 빈의 귀족들은 베토벤의 피아노 연주를 듣고 그를 모차르트와 하이든의 뒤를 이을 음악가로 키울 수 있다는 확신을 갖게 되었습니다.

당시 빈에서는 여성적이면서도 섬세하고 부드러운 연주가 유행했습니다. 하지만 베토벤은 그런 스타일을 따르지 않았습니다. 베토벤은 화려한 기교를 가지고 있으면서도 힘차고 웅장한 느낌을 주는 자신만의 스타일을 고집했습니다.

일찍이 이런 연주를 들은 적이 없는 빈 사람들은 베토벤의 연주에 색다른 감동과 호기심을 느꼈습니다. 전통적인 연주를 좋아하는 사람들은 베토벤의 연주에 거부감을 느끼기도 했지만 많은 사람들이 좋은 평가를 내렸습니다. 베토벤의 연주회에서는 대부분의 사람들이 눈물을 글썽거렸고, 큰 소리로 흐느껴 우는 사람도 많았습니다. 이런 실력을 가진 베토벤이었으므로 빈 최고의 가문들은 서로 베토벤을 피아노 선생으로 모시고 싶어 했습니다.

아직은 쌀쌀한 이른 봄날이었습니다. 베토벤은 빈 최고의 피아니스트이자 작곡가인 후멜을 후원하는 한 후작으로부터 편지를 받았습니다.

안녕하십니까?
다음 주 저희 집에서 더디 오는 봄을 재촉하는 작은 음악회를 열고자 합니다. 부디 오셔서 후멜 선생과 함께 그 자리를 빛내 주셨으면 합니다. 이 편지를 전한 하인에게 곧장 답장을 주시기 바랍니다.

편지의 어투는 지극히 신사적이고 점잖았지만 내용을 따져 보면 결코 그렇지 않았습니다. 만약 이 요청을 거절하면 베토벤이 후멜과의 연주 대결을 피하는 것이 되고, 그 소문은 금방 퍼질 게 분명했습니다. 게다가 베토벤은 이러한 대결을 피하는 성격이 아니었습니다. 다섯 살도 되기 전부터 아버지한테 매를 맞으며 피아노를 익혀 왔으므로 누구 못지않게 능숙한 솜씨로 피아노를 치는 베토벤이었습니다. 베토벤은 즉시 음악회에 참석하겠다는 답장을 써서 밖에서 기다리고 있는 후작의 하인에게 주었습니다. 그런데 하인이 떠나자마자 친구 베겔러가 헐레벌떡 들어섰습니다.

"이보게, 후멜이 자네에게 도전장을 내밀었다며?"

"그걸 어떻게 벌써 알았나?"

"이 사람아, 내가 모르는 게 어디 있어? 벌써 소문이 쫙 퍼졌다네!"

"걱정 말게. 내가 그걸 피할 사람인가?"

"그럼, 그렇고말고! 하하, 지난번에 자네한테 두 손 든 겔리네크가 뭐라고 했는지 아나?"

베토벤은 친구를 바라보았습니다.

"자네가 틀림없이 악마하고 손을 잡았을 거라지 뭔가!"

두 사람은 웃음을 터뜨렸습니다.

"그런데 곡은 정했나?"

"그렇잖아도 생각중이네."

"자넨 즉흥곡이 최고야. 하이든이나 헨델의 작품도 좋지만 열정을 분출하는 자네의 힘 있는 즉흥 연주는 누구도 못 따라온다고!"

즉흥곡은 연주자가 그 자리에서 머리에 떠오르는 대로 연주하는 것을 말합니다. 베토벤은 즉흥 연주에 뛰어난 재능을 가지고 있었습니다. 후멜 역시 어린 시절부터 신동으로 소문난 음악가였습니다. 베토벤보다 일곱 살 아래인 후멜은 어린 시절 모차르트의 집에서 2년 동안 살면서 교습을 받은 적이 있었으며, 하이든과 살리에리에게도 교습을 받은 적이 있었습니다.

신동 어떤 분야에 천재적인 재주와 능력을 갖고 태어난 아이.

후작의 집에서 열리기로 되어 있는 음악회는 정식으로 열리는 것은 아니었지만 그 열기는 대단했습니다. 후멜을 지지하는 사람들과 베토벤을 지지하는 사람들이 서로를 적으로 생각할 정도였습니다.

당시 빈에서는 귀족들이 자기가 후원하는 예술가들을 한자리에 불러 연주하도록 경연장을 만드는 일이 많았습니다. 그것은 연주라기보다 대결에 가까운 것이었습니다. 베토벤 역시 다른 피아니스트들처럼 이런 연주 대결에서 이길 때도 있고 질 때도 있었습니다. 피아노의 거장들이 불꽃 튀기는 연주 대결을 벌여 자신의 실력을 검증받는 이런 대결은 당시 빈 사람들이 좋아하는 놀이였습니다.

탁월한 피아노 연주사로서 베도벤의 명성은 빈뿐 아니라 프라하, 베를린, 라이프치히, 드레스덴 등 유럽의 여러 도시까지 퍼져 나갔습니다. 베토벤은 여러 도시를 돌며 연주회를 열었습니다. 베토벤은 프로이센의 왕 프리드리히 빌헬름 2세 앞에서도 연주했습니다. 빌헬름 2세는 첼리스트로 활동할 정도로 음악을 깊이 사랑하는 사람이었습니다. 이 연주 기념으로 빌헬름 2세는 베토벤에게 금으로 만든 코담뱃갑과 금화를 선물했습니다. 이때부터 베토벤은 자신이 작곡한 피아노 소나타를 대중에게 조금씩 선보이기 시작했습니다.

코담뱃갑 17세기 이후 유럽에서는 담배를 갈아 가루로 만들어 코로 향을 맡는 것이 유행했는데, 그 담배 가루를 담는 용기를 말함.

예술에 대한 뜨거운 열정을 지닌 빈 귀족들은 이 뛰어난 예술가에게 큰 사랑과 존경을 보냈습니다. 귀족들로서는 예술가의 후원자로 알려지는 것이 대단히 중요했습니다. 자신들의 명예를 드높일 수 있는 방법 중 하나였기 때문입니다. 귀족들은 갖가지 방법으로 베토벤에게 경제적 지원을 해 주었습니다.

가난한 술주정뱅이의 아들이었던 촌뜨기 베토벤은 이제 많은 귀족들과 친구들에게 숭배 받는 젊고 위대한 음악가로 발돋움하고 있었습니다. 너무나 가혹한 연습 때문에 어린 시절을 눈물로 보내야 했던 베토벤은, 그러나 그 덕분에 유럽 최고의 실력 있는 음악가가 될 수 있었습니다.

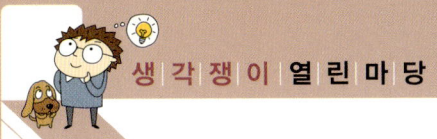

예술가의 후원자들

동서양의 많은 예술가들은 대부분 가난한 생활을 면하지 못했다. 그 때문에 창작 활동에도 많은 어려움을 겪었다. 이들을 위해 왕족과 귀족들은 재능이 있거나 실력이 탁월한 젊은 예술가들에게 생활비나 집, 값비싼 선물을 제공해 경제적인 지원을 해 주었다.

모차르트나 하이든과 마찬가지로 베토벤도 왕족과 귀족들의 후원을 받았다. 리히노프스키 후작은 베토벤에게 정기적으로 일정한 액수의 생활비를 지급했고, 오페르스도르프 백작은 베토벤으로부터 교향곡 제45번을 헌정 받고 후한 대가를 지불했다. 오스트리아 황제의 형인 루돌프 대공은 베토벤을 후원하면서 그의 제자가 되기도 했다. 이외에도 로프쿠비츠 후작, 킨스키 후작 등 여러 사람이 베토벤의 후원자가 되었다.

이 밖에도 세계적으로 많은 이들이 예술가를 후원했다. 그중 이탈리아의 메디치 가문은 15세기에서 18세기에 걸친 르네상스 기간 동안 학문과 예술을 후원한 것으로 유명하다. 메디치 가문은 그 유명한 미켈란젤로를 비

롯해 금세공 기술자 첼리니를 후원했고, 밀라노 지역을 통치하던 루도비코 스포르차 공작은 레오나르도 다 빈치 등 여러 예술가들을 후원했다.

　우리나라에도 예술가와 학자를 후원한 사람들이 있었다. 세종의 셋째 아들인 안평 대군은 시와 그림, 글씨, 거문고에 뛰어난 예술가였다. 안평 대군은 자신의 집으로 예술가들을 초대해 연회를 베풀면서 문화계의 중심 인물로 활동했다. 안평 대군은 특히 화가 안견을 아껴 자신의 초상화를 그리도록 했으며, 자기가 꾼 꿈을 안견에게 말해 준 뒤 그리도록 했는데 그 그림이 바로 〈몽유도원도〉이다. 현재 일본에 있는 이 그림은 당시 화가들에게 큰 영향을 끼쳤다. 조선에는 안견파라는 화파가 형성되었고, 일본 무로마치 시대의 수묵화 발달에도 중요한 역할을 했다.

　산수화와 풍속화, 인물화에서 뛰어난 재능을 발휘한 김홍도는 정조에게 특별한 사랑을 받았다. 김홍도는 그림을 그리는 화가들이 일하는 관청인 도화서에 소속되어 있었는데, 정조는 김홍도를 아낀 나머지 그림에 관한 일이 있으면 모두 그에게 맡기라는 명을 내렸다고 한다.

　이처럼 많은 예술가가 후원자의 도움으로 경제적인 어려움에서 벗어나 창작 활동에 전념할 수 있었다. 그리고 후원자는 예술가를 도와줌으로써 자신의 사회적인 명예를 한층 높일 수 있었다.

베토벤의 수업 시절

최고의 스승들

1790년대 초반, 베토벤은 빈에서 눈부신 성공을 거두었습니다. 하지만 그것은 어디까지나 피아노 연주자로서 거둔 성공이었습니다. 본에서는 작곡을 체계적으로 배울 수 없었기 때문에 선제후 막시밀리안 프란츠는 베토벤을 위해 하이든에게 소개장을 써 주었습니다.

베토벤을 소개받은 하이든은 기꺼이 그를 가르치기로 했습니다. 1792년부터 1년 넘는 기간 동안 하이든은 베토벤에게 대위법˚과 형식적 구성의 원리, 소나타 작곡의 원리, 음향을 다루는 힘, 주제를 발전시키는 법, 분위기의 변화 등등 고전주의˚ 음악의 기술을 가르쳤습니다. 베토벤은 하이든뿐 아니라 알브레히트, 셴크 등 여러 음악가들에게 수업을 받았습니다.

하이든과 베토벤의 사이는 그다지 좋지 않았습니다. 베토벤은 겸손하고 나긋나긋하기보다는 무뚝뚝하고 퉁명스러운 제자였습니다. 하이든 역시 빈에 오자마자 스타가 된 이 오만한 젊은이가 썩 마음에 들지 않았습니다. 하지만 하이든은 베토벤을 보낸 본의 선제후에게, 자신이 베토벤을 가르친 것이 매우 자랑스러우며 베토벤이 훗날 유럽에서 가장 위대한 음악가가 될 것이라는 편지를 보냈습니다.

대위법 둘 이상의 독립된 선율을 동시에 결합시켜 곡을 만드는 방법. 서양 음악의 가장 기본적인 기법이자 원리.

고전주의 17~18세기 근대 유럽에서 고대 그리스·로마의 예술 작품을 모범으로 삼아 단정한 형식미를 중시하여 조화·균형·완성 따위를 추구하려고 하는 창작 태도. 음악에서는 하이든과 모차르트가 대표적임.

당시 이탈리아 출신의 유명한 오페라 작곡가이자 궁정 악장이었던 살리에리도 베토벤에게 연극과 성악 분야의 작곡을 가르쳤습니다. 또한 오르간 연주자이자 음악 이론가로 명성을 날리던 베르거 역시 베토벤에게 소중한 음악적 가르침을 주었습니다.

하이든과 살리에리, 베르기 모두 당대 최고의 음악가이자 훌륭한 스승이었습니다. 하지만 베토벤은 이들과 사이가 좋지 않았습니다. 세 명의 스승 모두 베토벤을 음악적으로는 아주 높이 평가했지만 인간적으로는 그렇지 않다고 여겼기 때문입니다. 고집불통인 베도벤이 스승이 가르치는 대로 따라오는 것이 아니라 자기 생각만을 강하게 밀고 나간다는 것이 그 이유였습니다. 이러한 이유로 베토벤은 결국 경험을 통해 스스로 힘들게 배워 나갈 수밖에 없었습니다.

고전주의의 벽을 넘어

스승들에게 배운 지 2년쯤 뒤부터 베토벤은 본격적으로 작품을 발표하기 시작했습니다. 하이든은 당시 살아 있는 최고의 거장이었습니다. 그런데 빈에 온 지 얼마 되지 않은 젊은 베토벤은 자신이 하이든의 명성을 넘본다는 것을 숨기지 않았습니다.

베토벤은 스승들로부터 음악적인 지식과 기술을 물려받았지만 거기에서 멈추지 않고, 자신만의 독창적인 방식을 만들어 내야 한다고 생각했습니다. 이것은 매우 중요한 깨달음이었습니다.

하이든과 모차르트를 비롯한 당시의 음악가들은 고전주의 음악의 대가였고, 고전주의 양식을 최고로 발달한 음악 형식이라고 믿고 있었습니다. 하지만 베토벤은 고전주의의 벽을 뛰어넘으려고 했습니다. 고전주의의 한계를 극복하려면 먼저 고전주의 방식에 정통해야 하므로, 빈에서 만난 대가들의 가르침은 베토벤에게 반드시 필요한 것이었고 대단히 유익한 것이었습니다. 하지만 그와 동시에 그러한 가르침으로부터 떠날 필요가 있었습니다. 이것은 현실적으로 매우 어려운 문제였습니다.

몇몇 공연 기획자들과 모차르트-하이든 악파의 추종자들은 베토벤을 아주 싫어했습니다. 또한 언론에서도 베토벤이 전통적인 형식을 무시하고 까다로운 요소들을 추가한다면서 베토벤의 작품을 인정하지 않았습니다. 이 때문에 베토벤은 엄청난 마음고생을 했습니다. 스승인 하이든이 닦아 놓은 길을 뒤따르는 것이 아니라 자기가 새로 길을 닦아야 한다는 사실을 분명히 알고 있었기 때문입니다. 이러한 복잡한 이유로 베토벤은 스승 하이든과 인간적인 유대를 끊어야 했습니다.

1790년대는 베토벤에게는 물론이고 빈의 음악계에 큰 변화의 시기였습니다. 당시 고전주의 형식은 유럽 전체를 대표하는 예술 형태로 자리를 잡아 가고 있었습니다.

빈에서 인정받기 위해 평생 동안 고생했던 모차르트는 죽은 뒤 갑자기 빈에서 가장 위대한 예술가가 되었습니다. 처음에는 대중에게 큰 사랑을 받지 못했던 하이든은 이 무렵 음악계의 기념비적인 존재가 되었습니다.

베토벤은 이러한 혼란스러움 속에서 자신의 자리를 찾아야 했습니다. 즉, 고전주의 양식의 계승자로서 그 양식에 정통하되, 한편으로는 시대의 정신을 담아 내는 새로운 형식을 만들어 나가야 했습니

다. 그것은 다소 거칠고 반항적인 베토벤의 기질과도 잘 어울리는 것이었습니다.

어느 날, 베토벤은 친한 친구들과 함께 연주회에 갔습니다. 연주회가 끝나고 모두 어울려 단골 선술집으로 향했습니다. 모두가 유쾌하게 떠들며 저녁을 먹는 자리에서 베토벤은 이상하게 입을 열지 않았습니다. 친구 한 사람이 베토벤의 안색을 살피며 물었습니다.

선술집 장소가 좁아 선 채로 간단하게 술을 마실 수 있는 술집.

"오늘 기분이 안 좋은 모양이군. 혹시 어디 아픈가?"

혼자만의 생각에 골똘히 잠겨 있던 베토벤은 친구의 질문을 받고도 한동안 멍하게 있다가 입을 열었습니다.

"아, 아니……. 아니야. 실은 아직도 오늘 연주회에서 연주된 모차르트의 작품 속에서 허우적거리고 있다네. 그 선율이 도무지 머리에서 떠나질 않는군."

"모차르트가 대단하긴 한 모양이군. 자네 같은 사람이 충격을 받을 정도니 말일세."

베토벤은 괴로운 표정으로 잔을 비웠습니다.

"사람들이 왜 모차르트를 천재라고 했는지 이제 확실히 알았네. 나 같은 사람은 절대 그렇게 뛰어난 작품을 만들 수 없을 거야."

"자네답지 않게 왜 그렇게 약한 말을 하나? 걱정 말게. 모차르트에게 모차르트의 길이 있다면 베토벤에겐 베토벤의 길이 있겠지. 더구나 자넨 아직 완성되지 않은 사람이야."

모차르트의 뛰어난 음악성에 충격을 받은 베토벤은 다시 한 번 굳은 결심을 했습니다. 스승들로부터 물려받은 음악적 유산을 계속 이어가기보다는, 그것으로부터 한 발자국 더 나아가는 모험을 하기로 말입니다.

자신이 받은 커다란 유산인 고전주의를 버리고, 아무도 해 본 적이 없는 새로운 형식을 시도한다는 것은 엄청난 용기를 필요로 하는 일이었습니다. 고전주의 음악을 최고라고 생각하는 청중들에게 새로운 형식으로 만든 음악을 이해시키고, 감동을 주어야 했기 때문입니다.

작곡가 베토벤으로

1795년 베토벤은 작품 번호 제1번 피아노 3중주를 발표해 큰 성공을 거두었습니다. 클래식 음악에서 나오는 작품 번호는 음악이 출판된 순서에 따른 번호를 말합니다.

이 작품은 공연을 주관하는 흥행업자와 평론가 모두에게 박수갈채를 받았습니다.

이 곡은 당시 베토벤의 후원자였던 리히노프스키 후작이 주최하는 연회에서 쓰이기 위해 작곡되었다고 하며, 당시 베토벤을 지도하고 있던 하이든의 음악적 영향을 많이 받은 곡이라고 합니다.

빈으로 옮긴 뒤, 베토벤은 바이올린을 더 배웠습니다. 바이올린 연주 실력은 피아노만큼 뛰어나지는 않았지만, 베토벤은 바이올린에 특별한 애정을 가지고 있었습니다.

베토벤은 현악기를 위한 실내악으로 현악 5중주 두 곡, 현악 4중주 여섯 곡, 현악 3중주 세 곡을 작곡했습니다. 이 작품들은 피아노에 의존하는 데서 벗어나는 모습을 보여 주어 비평가들로부터 좋은 평을 받았습니다.

실내악 2~10명 정도의 적은 인원으로 연주되는 기악 합주곡. 인원수에 따라 2중주, 3중주, 4중주와 같은 이름이 붙음. 현악기가 중심이 되어 피아노나 여러 관악기 등과 어울려 함께 연주하기도 함.

빈 초기 시절 베토벤은 피아노와 오케스트라를 위한 협주곡 세 곡을 완성했습니다. 이 작품들은 그 이전 작품들과 구별되는 형태를 보여 줌으로써 고전주의 – 낭만주의 협주곡 형식의 모델이 되었습니다. 신문과 비평가들로부터 형식면에서 대단히 새로운 작품이라는 찬사도 받았습니다.

1800년 4월, 베토벤은 생전 처음으로 아카데미를 열었습니다. 여기에서 아카데미란 공연 수입을 연주자가 갖는 대중 음악회를 말합니다.

이 아카데미에서 베토벤은 모차르트와 하이든의 작품과 자신이 작곡한 곡들을 선보였습니다. 그리고 피아노는 자신이 직접 맡았습니다. 비록 연주회의 반응은 그다지 좋지 않았지만, 청중의 반응보다 더 중요한 것은 베토벤이 이제 작곡가로서 확고한 위치를 차지하기 시작했다는 것이었습니다.

곧이어 베토벤이 음악을 만든 발레 〈프로메테우스의 창조〉가 1년 사이에 23번이나 공연되는 대성공을 거두었습니다. 그러자 빈은 물론 외국의 음악 출판업자들이 베토벤의 작품을 출판하려고 서로 경쟁했습니다.

베토벤은 경제적으로 전보다 부유해졌고, 많은 귀족들이 친해지고 싶어 하는 빈의 유명인이 되었습니다. 뿐만 아니라 앞으로 평생을 가까이하게 될 중요한 친구들을 만나게 되었고, 그들과 많은 편지를 주고받으며 함께 즐거운 시간을 보냈습니다.

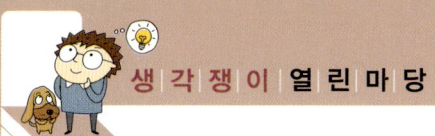

모차르트와 하이든

　모차르트는 1756년 오스트리아의 잘츠부르크에서 태어났다. 아버지는 바이올린 교습법에 관한 책을 세계 각국의 언어로 출판한 궁정 부악장이었다. 이런 아버지의 음악적 재능을 물려받은 모차르트는 어린 시절부터 음악에 대한 열정이 대단했다. 모차르트가 피아노 앞에 앉아 있을 때면 어찌나 진지한 표정을 짓는지 말을 붙이기 힘들 정도였다고 한다.

　모차르트는 다섯 살에 바이올린을 능숙하게 연주하고 곡을 작곡해 사람들을 놀라게 했다. 이러한 아들의 재능을 눈여겨본 아버지는 자식들에게 체계적인 음악 교육을 시키면서 공개 연주회를 열기 시작했다. 사람들은 모차르트의 아버지가 자식들을 이용해 돈벌이를 한다고 비난하기도 했지만, 모차르트의 아버지는 아들이 최고의 음악 교육을 받도록 해 주었다.

　어린 나이에 이미 대가가 된 아이들을 데리고 모차르트의 부모는 유럽 각지로 연수 여행을 나섰다. 넓은 세상을 보여 주고 뛰어난 스승을 만나게 해 주려는 것이 여행의 목적이었다. 모차르트는 영국, 프랑스, 이탈리아,

독일 등 유럽 곳곳을 여행하면서 그곳의 음악을 받아들였다. 그 뒤 바흐, 하이든 등의 대선배들에게 큰 영향을 받아 뛰어난 작품을 만들어 냈다. 모차르트는 열 살부터 오페라를 만들기 시작해 평생 23편이나 작곡했는데, 그중 〈돈 조반니〉, 〈마술피리〉, 〈피가로의 결혼〉은 최대의 걸작으로 손꼽힌다.

서른다섯 살이라는 젊은 나이에 세상을 떠난 모차르트는 씀씀이가 헤퍼 언제나 쪼들리며 살았다고 전해진다. 모차르트가 갑자기 세상을 떠났을 때 그의 가족은 묘지를 살 돈조차 없었기 때문에 시신은 구덩이에 묻혔다.

모차르트는 평소 곡을 만들 때 자신의 머릿속에 구상한 것들을 오선지에 옮기기만 하는 것으로 곡을 완성했다고 한다. 이처럼 모차르트는 오늘날까지도 그 이름을 모르는 사람이 없을 정도로 천재적인 작곡가로 인정받고 있다. 모차르트는 하이든과 함께 빈 고전주의 악파의 대표적인 인물로 평가 받고 있다.

한편, 1732년 오스트리아 로라우에서 태어난 하이든은 가난한 집안에서 태어나 제대로 먹고 입지 못할 정도로 고생을 많이 했다. 하이든 역시 어릴 때부터 남다른 음악적 재능을 보였지만 가난한 그의 부모는 음악 교육을 시켜 줄 수 없었다. 하이든은 여섯 살부터 남의 집에서 일을 도와주면서 기초적인 음악 교육을 받기 시작했다. 빈의 교회에서 성가대로 일하던 하이든은 변성기가 되어 목소리가 변하자 열일곱 살에 낡은 내의 세 벌과 코트 한 벌만 가지고 교회에서 쫓겨났다. 하지만 하이든은 가난과 절망을 참고 견디면서 음악 공부를 계속했고, 마침내 돈과 명예를 두루 갖춘 에스테르하지 가문 악단의 부감독으로 임명받았다. 하이든은 30년 동안이나 에스테르하지 가문의 음악 감독으로 일하면서 작곡과 순회 공연을 했다.

 하이든은 실력이 뛰어난 데다 따뜻한 인간미를 지닌 사람이었으므로 모든 사람이 '파파 하이든'이라고 불렀다. 무려 100곡이 넘는 교향곡을 작곡해 '교향곡의 아버지'라 불린다. 하이든은 제자인 모차르트에게 현악 4중주를 가르쳤고, 모차르트는 그 보답으로 하이든에게 여섯 곡의 현악 4중주를 헌정했다고 한다. 스물네 살이나 어린 천재 모차르트의 음악을 듣고 커다란 충격을 받은 하이든은 모차르트와 신실한 우정을 나누었다.

시련 속에 쓴 유서

생생하고 풍부한 눈빛

　리히노프스키 후작의 저택에서 모임이 있는 어느 여름날이었습니다. 여자들은 가슴이 파이고 치맛자락이 부푼 우아한 드레스를 입고, 손에는 작은 부채를 들고 살랑살랑 부치고 있었습니다. 남자들은 흰 분가루를 뿌린 가발에 무릎까지 오는 바지, 긴 실크 양말을 신은 고전적인 차림이었습니다. 당대 최고의 음악가 하이든과 살리에리도 깍듯하게 예의를 갖춘 차림으로 소파에 앉아 이런저런 이야기를 나누고 있었습니다.
　조금 늦게 나타난 베토벤이 두 스승에게 인사를 하고 숙녀들에게도 손에 입을 맞추며 인사했습니다. 스승들의 깍듯한 차림새와 달리 베토벤은 머리에 빗질도 안 한 데다 옷차림도 꾸깃꾸깃한 평상복이었습니다. 한쪽 구석에서 젊고 아름다운 두 여자가 부채로 입을 가리고 속닥거렸습니다.

"역시, 이번에도 차림새가 별로네."

"그러게. 저 사람은 어쩜 저렇게 외모에 신경을 안 쓸까?"

"저 사람이 얼마 전에 줄리에타에게 청혼했다는 소문이 있던데……."

"정말? 줄리에타가 청혼을 받아들일 리 없을 텐데."

"당연하지! 누가 저런 사람하고 살고 싶겠어?"

"그래도 피아노는 기막히게 치잖아."

"그야 그렇지. 하지만 음악하고 결혼하는 게 아니잖아? 결혼은 사람이랑 하는 거니까, 그게 문제지."

"맞아!"

빈에서 꽤 유명해졌지만 베토벤은 별로 행복하지 못했습니다. 사랑하는 여자를 만나 결혼하고 싶었으나 베토벤이 사랑한 여자들은 모두 그의 청혼을 거절했습니다.

사실 베토벤은 여자들이 좋아할 만한 외모가 아니었습니다. 키는 작은데 머리는 유난히 크고 머리카락은 뻣뻣했기 때문입니다. 얼굴에는 곰보 자국이 있었고, 널찍한 이마에는 유난히 굵은 눈썹이 자

리하고 있었습니다. 곰보란 천연두˙라는 전염병을 앓고 난 뒤 얼굴에 생기는 자국입니다.

　베토벤은 옷을 잘 차려입고 외모를 가꾸는 데에는 도무지 관심이 없었습니다. 빈에 막 왔을 때는 제법 유행에 맞는 옷을 단정하게 차려입고 다녔지만 그 뒤엔 아무렇게나 대충 입고 다녔습니다.

천연두 천연두라는 이름의 바이러스 때문에 생기는 전염병으로 옛날에는 마마, 손님이라고도 불렀음. 한번 걸리면 목숨을 잃거나 얼굴에 심한 흉터가 남기도 했음.

　행동이 서툴러 언제나 뭔가를 깨뜨리기 일쑤였고, 피아노에 잉크 병을 엎지른 적도 있었습니다. 면도하는 것도 서툴러 베토벤의 턱은 언제나 칼에 베인 자국투성이였습니다. 게다가 행동거지가 세련되고 우아하지 못했으며 조금 거칠고 무례한 편이었습니다. 이러니 여자들이 좋아할 리 없었지요.

　또한 베토벤은 자신을 후원하는 귀족들에게도 오만하게 대할 때가 많았습니다. 그뿐만이 아니라 사소한 일에도 곧잘 화를 내서 주변 사람들을 힘들게 했습니다.

　그러나 베토벤이 이처럼 예민하게 굴었던 데는 이유가 있었습니다. 성공을 거듭할수록 경쟁자들을 의식해야 하고, 음악적으로도 매번 훌륭한 작품을 발표해야 한다는 부담감에 시달렸기 때문입니다.

　인간적으로 부족한 점도 많고 외모도 못생겼으나 베토벤의 눈빛만은 언제나 생생하게 살아 있었습니다. 그리고 말로 표현할 수는 없지만 베토벤의 내면에서 숭고하고 고귀한 무언가가 느껴졌기 때문에, 친구들은 베토벤의 그런 점을 높이 평가했습니다. 베토벤은 내면에 고결한 뜻을 품고 있었지만 겉으로는 그것을 감추고 있는, 복잡한 성격을 가진 사람이었습니다.

잔인한 시련

음악회가 있는 어느 날 저녁이었습니다. 앞쪽에 자리를 잡지 못한 베토벤은 중간쯤에 앉아 연주를 듣고 있었습니다. 그런데 연주 소리가 잘 들리지 않았습니다. 작게 연주하는 부분에서는 거의 들리지 않았고, 갑자기 소리가 커지면 귀가 너무 울려서 깜짝 놀랄 정도였습니다.

베토벤은 골똘히 생각에 잠겼습니다. 전부터 귀가 조금씩 이상해지는 것은 알고 있었지만 점점 심해지는 것이 걱정이었습니다. 그때 누군가 베토벤의 어깨를 툭 쳤습니다.

"연주가 다 끝났는데 무슨 생각을 그렇게 하고 있는 거요?"

"아, 안녕하시오."

평소에 친하게 지내는 출판업자였습니다.

"저녁이나 함께 듭시다. 예약해 놓은 식당이 있는데 그 집 음식이

괜찮더군요."

"아, 그러고 싶지만 저녁 약속이 있어서 안 되겠군요. 이거 미안합니다."

베토벤은 식사 제의를 거절하고 허둥지둥 집으로 돌아왔습니다. 사람들의 말을 알아듣지 못하니 등에서 저절로 식은땀이 흘렀습니다. 몇 년 전부터 베토벤은 귀에 이상을 느끼고 있었습니다. 의사에게 치료를 받았지만 아무 소용이 없었습니다.

사실 베토벤은 늘 자질구레한 병을 달고 살았습니다. 소화가 잘 안 되고 설사도 자주 했으며 이 때문에 아무것도 하기 싫은 무기력증에 시달리기도 했습니다. 그런데 귀에서 하루 종일 웅웅거리는 소리가 나면서 사람들이 말하는 소리가 점점 작게 들리기 시작한 것입니다.

성공을 눈앞에 둔 젊은 작곡가는 절망하지 않을 수 없었습니다. 그때는 지금처럼 의학이 발달한 시대가 아니었습니다. 요즘 같으면 약 몇 알로 대수롭지 않게 고칠 수 있는 병도 그때는 목숨을 잃을 위험이 있습니다.

베토벤은 귀에 이상을 느끼면서 엄청난 고통과 불안에 시달렸습니다. 작곡가가 귀머거리가 되다니! 이것은 사형 선고나 마찬가지였습니다. 음악회에 참석한다 해도 오케스트라 바로 앞에 앉아야 겨우 악기 소리나 배우의 목소리를 들을 수 있었습니다. 멀리 떨어진 곳에 앉으면 들리지 않았습니다. 하지만 그때까지도 사람들은 베토벤이 듣지 못한다는 것을 전혀 알지 못했습니다. 가끔 그저 멍하게 앉아 있나 보다라고 생각할 뿐이었습니다.

베토벤은 절망에 맞서 자신의 운명과 싸우기로 마음먹곤 했지만 비참한 심정은 어찌할 수 없었습니다. 누구에게 이 사실을 함부로 말할 수도 없었습니다. 소리를 듣지 못하게 되면서 베토벤은 외출을 하거나 모임에 참석하는 것을 꺼리게 되었습니다. 아마 누구라도 그랬을 것입니다.

하지만 묘하게도 귀가 들리지 않았던 그 시기에 베토벤은 전 생애에서 가장 훌륭한 작품을 써내고 있었습니다. 비록 귀가 들리지 않아 사람들과 의사소통을 하기가 점점 힘들어졌지만 그럴수록 자신만의 음악 세계로 철저하게 빠져 들어갈 수 있었습니다.

1802년 봄의 어느 날이었습니다. 진찰을 마친 뒤 의사가 베토벤에게 말했습니다.

"이대로 있어선 안 되겠습니다. 어디 조용한 시골에 가서 충분히 쉬세요. 빈의 공기는 당신에게 아주 해롭습니다. 귀가 더 나빠지는 것을 막기 위해서라도 좋은 공기를 마시면서 편안한 마음으로 쉬는 것이 필요해요. 무엇보다 일에 대한 걱정에서 좀 벗어나야 합니다. 당신은 지금 신경이 너무 날카로워져 있어요."

한창 봄꽃이 만발한 계절에 베토벤은 빈 근처 다뉴브 강변에 있는 하일리겐슈타트의 조용한 마을로 내려가 당분간 살 집을 구했습니다. 주변에 포도밭이 달린 외딴집이었는데, 마당에서부터 이어지는 오솔길을 따라가면 맑은 개울이 흐르는 계곡까지 갈 수 있었습니다.

베토벤은 아침이면 누구보다 일찍 일어나 동네를 한 바퀴 도는 것으로 하루를 시작했습니다. 아침에 동이 트기 시작하면 침대에서 일어나 공책을 들고 숲길을 산책했습니다. 베토벤은 외출할 때도 언제나 옆구리에 공책을 끼고 나갔습니다. 악상이 떠오르면 즉시 적기 위해서였습니다.

악상 음악의 주제, 구성 등 작곡을 하는 데 있어 떠오르는 생각.

사람들이 바글거리는 도시에서는 늘 조바심 내고 신경질적이 되었지만 한적한 자연 속에서는 여유를 찾을 수 있었습니다. 졸졸 흐르는 시냇물, 이름 없는 들꽃과 산새들, 싱싱하게 영글어 가는 포도송이……. 이 모든 것 덕분에 지쳐 있던 베토벤의 마음도 차차 회복되어 갔습니다.

베토벤의 제자인 리스가 틈틈이 내려와 스승을 보살피면서 말벗이 되어 주었습니다. 리스는 스승과 함께 산책을 나왔다가 우연히 마을의 목동이 부는 피리 소리를 들었습니다. 그것은 딱총나무 가지로 만든 멋진 피리 소리였습니다. 리스는 스승에게 이 피리 소리가 들리느냐고 물었지만 베토벤은 고개를 저었습니다. 자신이 그렇게 좋아하는 자연에 둘러싸여 살면서 지친 몸과 마음이 회복되는 한편으로, 베토벤은 깊고 깊은 절망에 빠졌습니다.

'정말 내 음악 인생이 여기에서 끝이라는 말인가?'

몇 날 며칠을 고통 속에 빠져 지내던 베토벤은 더 이상 살아갈 이유가 없다고 생각하게 되었습니다. 베토벤은 자살하기로 마음먹고 동생들에게 유서를 썼습니다.

동생들에게

너희들은 내가 심술궂고 고집이 세며 사람들을 싫어한다고 알고 있겠지? 하지만 그렇게 될 수밖에 없는 숨은 이유가 있었다. 나는 세상을 놀라게 할 위대한 일을 하겠다는 열망을 가지고 있었지. 하지만 귀가 들리지 않게 되면서 그러한 열망조차도 점점 멀어지게 되었다. 귀가 들리지 않는다는 것은 음악가인 나에게 너무나 가혹한 일이야. 나는 마치 이 세상에 존재하지 않는 사람처럼 외로움을 느끼곤 했지. 아마 음악이 없었다면 나는 진작 이 생을 끝장냈을 거야. 나는 까다롭고 고집불통이지만 그래도 음악에 대해서는 늘 최선을 다했다는 것만 알아주기 바란다. 리히노프스키 후작과 다른 많은 친구들에게 감사의 마음을 전한다. 내가 죽더라도 날 아주 잊지는 말아 다오. 내 평생 동안 언제나 너희들을 생각했고, 너희들이 행복하길 바랐다.

베토벤은 비통한 심정으로 유서를 써 내려갔지만 동생들에게 보내지는 않았습니다. 다행히 자살 충동을 이겨 내고 빈으로 돌아왔기 때문입니다. 이 유서는 베토벤이 죽은 뒤 후세 사람들이 발견했습니다.

베토벤은 작곡가로서 청력을 잃어버리는 큰 시련을 겪어야 했지만 여러 가지 악기 소리를 상상하며 곡을 만들 수 있었습니다. 절망적인 유서를 쓴 이후인 1802년에 발표한 교향곡 제2번은 교향곡 제1번에 비해 오히려 더욱 풍부

베토벤의 악보 베토벤이 직접 오선지 위에 음표를 그려 넣은 자필 악보이다.

해진 감성과 깊이를 보여 주었습니다. 이전 곡들과는 달리 따스함과 낭만적인 분위기가 담겨 있었습니다.

세상의 소리를 들을 수 없게 되면서 베토벤은 고독하기는 했지만 작곡가로서는 훨씬 더 성숙해졌습니다. 실제로 베토벤은 누구의 방해도 없이 자기 자신만의 세계에서 자유자재로 새로운 음악적 실험을 할 수 있었습니다. 그 덕분에 새로운 음악의 형식과 내용들을 만들어 낼 수 있었던 것입니다.

생각쟁이 열린마당

장애를 기회로
바꿀 수도 있다

　세상에는 베토벤처럼 장애를 지니고도 뛰어난 예술 작품을 만들어 낸 사람들이 있다. 영국의 현대 화가 앨리슨 래퍼는 태어날 때부터 두 팔은 없고 다리는 기형적으로 짧은 장애를 갖고 있었다. 태어난 지 6주 만에 부모가 버리는 바람에 래퍼는 복지 시설에서 자라야 했다. 어른이 되어 보통 사람들처럼 결혼을 했지만 남편이 폭력을 휘둘러 이혼해야만 했다.

　래퍼는 슬픔과 절망을 이겨 내고 어릴 때부터 좋아하던 미술 공부를 시작했다. 그리고 결국 입과 발로 그림을 그리는 구족 화가와 더불어 사진 작가가 되었다. 래퍼는 팔다리가 없는 자신의 벗은 몸을 부끄러워하지 않고 당당하게 사진에 담아 보임으로써 사람들에게 좋은 평가를 받았다. 장애인의 몸도 아름답다는 것을 보여 주었기 때문이다. 또한 래퍼는 아기까지 낳아 혼자 힘으로 기르고 있다. 래퍼는 자신이 가진 장애가 살아가는 데 아무런 지장을 주지 않는다는 것을 세상에 보여 주고 있다.

　우리나라의 강진희는 세계에 한 명밖에 없는 청각 장애인 발레리나이다.

강진희는 태어난 지 2개월이 채 안 되었을 때 소리를 듣지 못하게 되었다. 하지만 보청기 덕분에 진동으로나마 소리를 느낄 수 있었다. 강진희는 중학교 때 담임이었던 무용 선생님을 졸라 발레를 시작했다. 선생님은 소리를 듣지 못하는 아이는 춤을 출 수 없다고 했지만, 강진희는 어머니와 함께 기회를 달라고 매달렸다. 소리를 듣지 못하는 강진희는 음악에 따라 몸을 움직일 수가 없었다. 하지만 남들보다 4~5배는 더 연습했다. 어찌나 지독하게 연습에 매달렸는지 발톱이 수도 없이 빠졌다고 한다.

그 결과 전국 학생 무용 콩쿠르, 전국 대학 콩쿠르, 일본 북규슈 국제 양무 콩쿠르 등에서 상을 받았다. 하지만 관객의 박수 소리를 음악 소리로 착각해 음악이 끝났는데도 계속 춤을 추기도 했다고 한다. 그 뒤 강진희는 점차 다른 방법으로 소리를 느끼는 방법을 터득했다. 그것은 몸의 감각을 집중해 소리의 진동을 몸으로 느끼는 방법이었다.

그러한 노력 덕분에 대학 졸업을 앞둔 시점에서 강진희는 조승미 발레단의 수석 무용수로 발탁되었다. 그리고 결혼도 해 한 아이의 엄마가 되었다.

우리 주위에는 성치 않은 몸으로도 자신의 꿈을 이루는 사람들이 있다. 꿈을 이루고자 하는 마음이 지극하다면, 누구나 가난이나 장애와 같은 시련을 이겨 낼 수 있는 힘이 생기는 것이다. 어떤 사람에게는 장애가 도저히 넘을 수 없는 장애물이지만 어떤 사람에게는 그것이 새로운 도전이나 기회가 될 수도 있다.

영웅 교향곡

베토벤과 프랑스 혁명

1789년, 프랑스에서 혁명*이 일어났습니다.

프랑스를 비롯한 유럽 대부분의 국가는 왕이 소수의 귀족들과 함께 절대 다수의 평민들을 다스리는 전제 군주제*국가였습니다. 전제 군주제는 엄격한 신분 제도를 바탕으로 하고 있는데, 귀족으로 태어난 사람은 자손 대대로 귀족으로 호화롭게 살고, 평민으로 태어난 사람은 아무리 능력이 뛰어나더라도 낮은 신분으로 가난하게 살아야 했습니다.

그런데 상업이 발달하면서 평민들 중에도 귀족들 못지않게 부유한 사람들이 생겨나고, 계몽주의*사상이 퍼지면서 사람들은 차별적인 제도는 바뀌어야 한다고 생각하기 시작했습니다. 이러한 시대적 변화를 배경으로 프랑스 혁명이 일어나게 된 것입니다.

혁명 이전의 관습이나 제도를 한꺼번에 무너뜨리고 새로운 것을 세우는 일.

전제 군주제 나라의 모든 권력을 군주가 쥐고, 군주의 뜻에 따라 정치를 하는 제도.

계몽주의 16~18세기에 프랑스를 중심으로 유럽에서 일어난 사상. 신을 중심으로 한 생각에서 벗어나 인간의 합리적인 생각을 통해 생활의 진보와 개선을 이루어야 한다고 주장함.

혁명이 일어나자 온갖 특혜를 누리던 왕과 귀족들이 처형을 당하고, 평민들이 의회를 구성해 지금까지와는 전혀 다른 사회를 만들어 나가기 시작했습니다. 이제는 평민들도 정치에 참여할 수 있고, 농민들도 돈이 있으면 자기 땅을 살 수 있게 되었습니다.

프랑스에서 일어난 혁명 사상은 온 유럽에 퍼져 나갔습니다. 베토벤이 태어난 독일 지역에서는 괴테, 실러와 같은 뛰어난 작가들이 인간의 자유와 존엄성을 예찬하는 글을 통해 프랑스 혁명 정신을 지지했습니다.

특히, 당시 독일의 대표적인 작가 중 한 사람인 실러는 문학 작품을 통해 왕이 통치하는 전제 군주제를 반대하고 인간의 자유와 존엄성을 지지하는 좋은 글을 많이 썼습니다. 베토벤은 젊은 시절에 실러의 글을 읽고 큰 감동을 받았습니다. 그래서 실러의 시에 곡을 붙여 작곡을 하기도 했습니다. 베토벤은 프랑스 혁명에 대한 자신의 신념과 사상을 이처럼 열정적인 음악으로 표현했습니다. 음악을 통해 아름다움만을 표현한 것이 아니라 자신의 철학과 사상까지 담아

냈던 것이지요.

역사적으로 유럽의 나라들은 지리적으로나 문화적으로 서로 매우 가까운 관계를 유지했습니다. 그 때문에 한 나라에서 일어난 일이 주위의 나라로 금방 옮겨 가곤 했습니다. 프랑스 혁명이 일어났을 당시에도 혁명 정신은 순식간에 모든 유럽 지역으로 퍼져 나갔습니다. 그러자 위기를 느낀 각 국가의 왕과 귀족들은 혁명가들을 박해하고 국민들을 더 엄히 다스리기 시작했습니다. 얼마 뒤, 나라 간의 갈등이 폭발하게 되어 프랑스는 오스트리아 – 프로이센과 전쟁을 벌이게 되었습니다.

이 혁명 전쟁에서 두각을 나타내며 유럽의 영웅으로 떠오른 사람이 보나파르트 나폴레옹이었습니다. 나폴레옹은 귀족도 아니었고, 백전노장도 아니었습니다. 프랑스 코르시카 섬 출신의 일개 포병 사관일 뿐이었지요. 그러나 젊고 야심에 찬 나폴레옹은 혁명 정부에 대항하는 반란이 일어나자 그것을 평정하고 최고 사령관이 되었습니다.

한편, 베토벤은 프랑스에 자유를 가져온 나폴레옹에 대한 소문을 주의 깊게 듣고 있었습니다. 당시 빈에는 프랑스 대사의 비서이자 바이올리니스트였던 루돌프 크로이처가 있었는데 그가 베토벤에게 많은 소식을 전해 주었습니다.

박해 정치, 사상, 종교 등의 이유로 누군가를 괴롭히고 못살게 구는 것.
백전노장 수많은 전쟁을 치러 훌륭하게 다듬어진 뛰어난 장수.

베토벤은 나폴레옹의 영웅적인 모습에 큰 감동을 받아 서른네 살 무렵, 약 1년여에 걸쳐 교향곡 제3번 '영웅'을 완성했습니다. 그 당시는 유럽 대륙에서 나폴레옹이 한창 용맹을 떨치고 있을 때였습니다.

베토벤은 유럽인들에게 자유와 희망을 안겨 준 나폴레옹에게서 진정한 영웅의 모습을 발견하고 그러한 모습을 곡에 담았던 것입니다.

나폴레옹 프랑스의 군인이자 황제로 프랑스와 당시 유럽 역사를 바꾸어 놓았다는 평가를 받고 있다.

'영웅'의 제1악장은 대담하고 힘찬 연주가 밀물처럼 밀려오는 느낌을 줍니다. 베토벤은 한 악상 안에서도 여러 가지 테마를 자유자재로 구사하면서 다양한 음악상을 펼쳐 보입니다.

제2악장은 장송 행진곡입니다. 장송 행진곡은 죽은 영웅을 장례 지내는 내용입니다. 묘지를 향해 엄숙하게 행진하는 장례 마차의 삐걱거리는 바퀴 소리는 듣는 사람의 가슴을 아프게 하며 장중한 분위

나폴레옹의 대관식 1804년에 나폴레옹은 프랑스 제국의 초대 황제인 나폴레옹 1세가 되었다.

기를 자아냅니다. 이 작품에서 베토벤은 교향곡 제3악장에서는 미뉴에트를 써야 한다는 전통에서 벗어나 스케르초를 집어넣었습니다. 그래서 제3악장은 익살스러우면서도 약간 허탈한 느낌을 줍니다.

마지막 제4악장에서는 앞의 세 악장들이 어우러지며 힘차고 장중하면서도 화려하게 끝이 납니다.

하지만 나폴레옹이 스스로 황제 자리에 올랐다는 소식을 듣자, 베토벤은 나폴레옹에게 이 작품을 헌정하려던 계획을 취소해 버렸습니다.

미뉴에트 4분의 3 또는 8분의 3박자의 우아하고 약간 빠른 춤곡.

스케르초 익살스럽고 자유로운 성격을 띠는 기악곡 형식 가운데 하나.

영웅 교향곡 **67**

나폴레옹처럼 인류의 역사를 뒤바꾼 영웅이 스스로 황제 자리에 올라 개인의 영광을 추구하리라고는 생각지 못했기 때문이었습니다.

"나폴레옹도 결국 속물이었군. 그도 역시 자신의 야망을 위해 민중을 짓밟는 폭군이 되겠지!"

베토벤은 크게 실망한 나머지 나폴레옹에게 헌정하려던 작품의 표지를 찢어 버리고 악보를 내팽개쳤습니다.

절망 이후

베토벤은 하일리겐슈타트에서 절망과 싸워 이긴 뒤 점차 자신의 귀머거리 상태를 편안하게 받아들이기 시작했습니다. 그래서 사람들에게 자신이 귀가 멀었다는 사실을 스스럼없이 말하곤 했습니다. 베토벤은 전보다 더욱 왕성하게 창작에 매달렸습니다.

1804년에서 1805년 사이에 베토벤은 소나타 '발트슈타인'과 '열정'을 통해 이제까지 아무도 손댄 적이 없는 전혀 새로운 음악의 영역으로 들어갔습니다. 교향곡 제3번 '영웅'을 비롯해 교향곡 제5번 '운명'과 교향곡 제6번 '전원'의 밑그림을 그리기 시작한 것도 이 무렵입니다.

1805년 4월 7일, 베토벤은 연주회에서 나폴레옹에게 헌정하려다가 취소한 교향곡 제3번 '영웅'을 발표하고 직접 지휘했습니다. 이 작품이 발표되자 곡이 너무 어렵고 복잡한 데다 시끄러워서 이해하기가 불가능하다고 불평하는 사람들도 많았습니다.

하지만 베토벤은 이것을 무시했습니다. 그는 세월이 흐르면 사람들이 자기 작품의 가치를 알아 줄 것이라고 믿었습니다.

실제로 교향곡 제3번 '영웅'으로 베토벤은 서양 음악사에 중요한 획을 그었습니다. 이 작품으로 고전주의의 완성을 이루어 내고 동시에 새로운 음악으로 나아가는 실험을 완결지었기 때문입니다.

'영웅'에는 베토벤 이전에 그 누구도 시도한 적이 없는 대담하고 파격적인 특징이 담겨 있습니다. 베토벤은 쉬는 부분 없이 악장과 악장을 연결시켰고, 기존의 미뉴에트 악장을 더 빠르고 경쾌한 스케르초로 대체했습니다.

그리고 피콜로, 베이스 드럼, 심벌즈, 더블 바순, 제3트롬본과 같은 악기를 비롯해 독창과 합창을 교향곡에 도입했습니다. 이렇게 함으로써 강렬하고 극적인 감정을 표현할 수 있었습니다.

하이든과 모차르트는 작품의 형식이나 내용에서 항상 그 사회의 틀 안에 머물렀습니다. 하지만 베토벤은 거기서 나아가 인간의 갈망과 비극 그리고 기쁨을 느러내는 데 성공했습니다.

베토벤은 새로운 음악 형식에서 고전주의의 범위를 넘어섰으며,

그 누구도 표현한 적이 없는 인간의 섬세한 감정과 깊이 있는 사상을 음악에 담아냈습니다.

나폴레옹이 군대를 이끌고 유럽을 차례차례 무너뜨리며 봉건주의˚라는 오래된 정치 체제에 균열을 일으키는 동안 베토벤은 악보 위에서 혼자 전쟁을 치르고 있었던 것입니다.

봉건주의 위에 있는 사람이 절대 권력을 가지고 아래 있는 사람을 다스리는 방식.

오래되고 낡은 틀을 깨서 새로운 세상을 만드는 사람을 영웅이라고 합니다. 나폴레옹이 현실 세계의 영웅이었다면 베토벤은 음악 세계의 영웅이었습니다. 고전주의 음악의 낡은 틀을 깨고 새로운 양식을 만들면서 자신의 사상과 감정도 한층 더 풍부하게 표현했기 때문입니다.

그로부터 3년 뒤인 1808년 12월, 베토벤은 여느 때처럼 아침 일찍 일어났습니다. 새로 이사 온 마리 폰 에르되디 백작 부인의 집은 따뜻하고 안락했습니다. 베토벤은 눈을 뜬 채 잠시 이불 속에 가만히 있었습니다. 그러다 잠옷 위에 기다란 겉옷을 걸치고 슬리퍼를 신고서 창 쪽으로 다가가 두터운 커튼을 걷고 밖을 내다보았습니다.

하늘엔 회색 구름이 가득했고, 매서운 눈보라가 몰아치고 있었습니다. 나무들이 눈을 이고서 바람 부는 대로 마구 흔들리고 있었습니다. 컴컴한 거리에는 지나다니는 사람들도 보이지 않았습니다.

베토벤은 아침마다 자기 손으로 커피를 만들어 마셨습니다. 커피가 만들어지는 동안 옷을 갈아입고 간단하게 세수를 했습니다. 사방이 고요했습니다. 귀가 들리지 않으면서 베토벤은 이제 이러한 고요에 제법 익숙해져 있었습니다. 향긋한 커피 향기를 맡으니 비로소 잠이 깨는 느낌이 들었습니다.

방 안은 언제나처럼 엉망이었습니다. 피아노 위에는 먹다 남은 빵 부스러기와 악보가 뒹굴고, 의자와 침대 위에는 벗어 놓은 옷들이 널부러져 있었습니다. 방바닥에는 책이 정리되지 않은 채 여기저기 놓여 있어서 어수선하기 이를 데 없었습니다. 하인들이 악보를 함부로 없애 버릴까 봐 베토벤이 방을 마음대로 청소하지 못하게 한 탓이었습니다.

커피를 마신 뒤, 베토벤은 외투를 걸치고 목도리를 꺼내 두른 다음 모자를 깊이 눌러썼습니다. 발소리를 쿵쿵 울리며 밖으로 나선 베토벤은 목을 잔뜩 움츠린 채 한 걸음 한 걸음 걷기 시작했습니다. 옆구리엔 언제나처럼 노트 한 권을 끼고 있었습니다. 차가운 바람 소리가 마치 먼 곳에 있는 동굴에서 울리는 소리처럼 멀고 희미하게 들려왔습니다.

그날은 중요한 연주회가 있는 날이었습니다. 이 연주회에서 베토벤은 교향곡 제5번 '운명'과 함께 교향곡 제6번 '전원'을 발표하기

로 되어 있었습니다. '전원'은 베토벤이 하일리겐슈타트에서 요양할 때부터 쓰기 시작한 곡입니다.

그런데 베토벤은 날씨가 나빠 사람들이 연주회에 많이 오지 않을까 봐 걱정이 되었습니다. 그럼에도 불구하고 자신이 만든 교향곡의 악상을 그리면서 묵묵히 눈보라 속의 산책을 마쳤습니다.

드디어 연주회가 시작되었습니다. 그런데 날씨가 어찌나 추운지, 사람들의 입김이 공중으로 부지런히 나왔다 사라졌습니다. 연주자들은 손이 얼어 잠시 쉬는 틈이 생기면 두 손을 비비고 손가락 운동을 해야 했습니다.

극장에 들어올 때 외투를 벗어 들고 들어왔던 관객들은 어느새 모두들 외투를 다시 입기 시작했습니다. 연주회가 밤 열 시를 넘어서까지 계속되자 추위를 견디지 못하고 중간에 많은 사람들이 돌아가 버렸습니다.

그러나 끝까지 남아 있던 사람들은 자신들의 도시에 사는 이 거장에게 아낌없는 존경과 감사를 보냈습니다.

"브라보!"

생각쟁이 열린마당

예술가와 정치

　1813년 독일에서 태어난 바그너는 〈트리스탄과 이졸데〉, 〈니벨룽겐의 반지〉 등의 걸작을 만든 오페라 작곡가이다. 바그너는 독일 음악의 품격을 한 단계 올려놓았다는 평가를 받는 인물이기는 하지만 반유대주의자로 유대 인들을 비난하는 글을 발표하기도 했다. 이처럼 정치적인 문제에 적극적으로 개입하고 자신의 의견을 표현했기 때문에 바그너를 좋아하는 사람만큼이나 싫어하는 사람도 많았다고 한다.

　한편 독일의 작가 브레히트는 나치가 정권을 잡자 덴마크와 미국에서 망명 생활을 했다. 나치 정권이 자기들과 다른 생각이나 사상을 용납하지 않았기 때문이다. 브레히트가 미국에 사는 동안 독일은 전쟁에서 패했고, 브레히트는 반미주의자라는 의심을 받게 되었다. 미국에 실망한 브레히트는 조국으로 돌아왔지만 독일은 동독과 서독으로 갈라져 있었다. 브레히트는 사회주의 정권이 들어선 동독을 선택했으나 동독 정부와도 죽을 때까지 마찰을 빚었다. 나치 정권은 바그너와 그의 작품을 대중선전에 이용했지만 브레히트처럼 양심과 자유를 지키고자 하는 작가는 박해했다.

운보 김기창은 일제 시대부터 우리나라의 미술계를 주도해 온 중요한 인물이다. 김기창은 일곱 살에 장티푸스를 앓으면서 벙어리와 귀머거리가 되었으나 어머니의 지극한 사랑으로 뛰어난 화가가 되었다. 〈구멍가게〉, 〈무당〉, 〈바보산수〉 등의 명작을 남긴 김기창은 지금까지도 우리나라 최고의 화가로 불리고 있다. 그러나 과거 일제의 정책에 협조한 것으로 알려지면서 비난을 받기도 했다. 이 때문에 김기창은 그가 남긴 뛰어난 작품들에도 불구하고 오늘날까지 홍난파와 현제명 같은 음악가들과 함께 친일 예술가로 비난을 받고 있다.

이처럼 예술가의 정치적인 노선은 끊임없는 논란거리가 되어 왔다. 예술가가 정치적인 입장을 가져서는 안 된다는 법은 없지만 예술이 정치와 밀접하게 연관될 경우, 위대한 예술 작품들까지 그 빛이 바래는 결과를 낳기도 한다는 점에서 아쉬움이 큰 것은 사실이다. 예술가의 정치적인 입장으로 그의 예술 세계까지 판단하는 것은 옳지 못한 일일 수도 있다. 그렇지만 예술가들 또한 자신의 정치적인 입장이 예술 세계에까지 영향을 끼치는 일은 없어야 할 것이다. 위대한 예술 작품은 인종과 국직, 성별과 나이, 시간과 공간을 뛰어넘어 모든 인간에게 위안과 행복을 안겨 주기 때문이다.

베토벤을 만든 사람들

후원자들

하이든이나 모차르트는 귀족들의 경제적인 후원에 의지하며 살아야 했지만 베토벤이 살던 시대에 와서는 사정이 좀 달라졌습니다. 음악가들은 대중을 상대로 하는 흥행업자들과 계약을 맺거나 극장 주인들과 작품 계약을 해 경제적인 문제를 해결할 수 있었습니다. 또 시대가 변하면서 음악가 협회나 흥행업자 협회가 생겨 그들과 새로운 관계를 맺기도 했습니다.

베토벤은 공연을 제안해 오는 사람들을 만나 보수와 계약을 조정하고 돈을 받는 일을 담당했습니다. 말하자면 작곡가 외에 매니저의 역할까지 맡았던 셈입니다. 하지만 베토벤에게는 믿을 만한 사람을 판별하는 능력이나 사람을 다루는 능력이 부족해서 언제나 말썽이 끊이지 않았습니다. 1807년에는 클레멘티 회사에서 베토벤의 작품을 영국에 출판하기로 했지만 그쪽에서 보내기로 한 돈은 3년이나 늦게 도착했습니다. 또 황실의 궁정 극장에 자신을 고용해 줄 것을 청했지만 거절당했습니다. 때문에 베토벤은 경제적인 불안에 시달렸습니다.

베토벤은 경제적인 문제를 해결하기 위해 빈을 떠날 각오까지 하고 있었습니다. 그때 마침 나폴레옹의 동생이자 베스트팔렌의 왕인 제롬 나폴레옹이 충분한 보수를 줄 테니 카셀의 악장으로 와 달라고 부탁했습니다. 베토벤은 이 제의를 받아들일지 말지 신중하게 생각했습니다.

그러자 베토벤과 가깝게 지내던 에르되디 백작 부인이 나서서 이 문제를 해결해 주었습니다. 베토벤이 빈에서 경제적인 걱정에서 벗어나 작곡에만 몰두할 수 있도록 로프코비치 공작과 루돌프 대공 그리고 킨스키 공작이 해마다 일정한 액수로 돈을 대주도록 중간에서 역할을 했던 것입니다.

이것은 상당히 큰 의미가 있는 일입니다. 봉건 사회에서 예술가는 귀족들의 마음에 느는 작품을 만들어 그들에게 바침으로써 생계를 해결했습니다.

하지만 베토벤에 이르러 귀족과 예술가의 관계가 많이 바뀌게 된 것입니다. 베토벤은 후원자들의 명령이나 지시를 받을 필요가 없었고, 개인적으로도 매우 자유로운 관계를 맺었습니다. 정해진 작품을 작곡할 필요도 없었습니다.

베토벤에게 연금을 주기로 한 귀족들은 걱정거리에서 해방된 사람만이 고귀하고 위대한 예술 작품을 창작할 수 있으므로 베토벤의 천재성이 방해받지 않도록 주의를 기울였습니다. 그만큼 까다로운 귀족들 사이에서 성실성과 천재성을 인정받은 것이지요.

1811년, 화폐 가치가 떨어지는 바람에 연금이 절반이나 깎인 것과 다름없게 되었을 때도 귀족들은 그런 사정을 감안해서 베토벤의 연금을 올려 주었습니다.

1814년, 나폴레옹이 권좌에서 물러나자 유럽의 왕족과 귀족들은 빈 회의를 열어 나폴레옹이 흐트러뜨린 국경선을 조정하고, 어지러워진 정치와 사회를 이전으로 되돌렸습니다. 왕족과 귀족들이 빼앗겼던 권력을 찾아 제자리에 돌려놓은 것입니다. 새로운 세상, 자유로운 세상을 꿈꾸었던 유럽 사람들은 혼란스러웠습니다.

그러나 당시 빈을 중심으로 한 유럽 대륙 전체에 베토벤의 명성은 점점 높아지고 있었습니다. 또한 여러 귀족들의 후원 덕분에 경제적인 생활도 차츰 안정이 되고 있었습니다.

그러던 어느 날 베토벤을 후원하고 있던 리히노프스키 후작이 베토벤에게 말했습니다.

"내 부탁 하나 하세. 다음 주에 실레지아에 있는 내 장원*에서 자네가 연주를 좀 해 줬으면 하는데……."

까다롭고 괴팍한 베토벤의 성격을 잘 아는 후작은 그의 눈치를 보면서 말했습니다.

장원 유럽 중세기에 귀족이나 영주가 다스렸던 일정 구역의 토지.

베토벤은 의아한 표정으로 후작을 바라보았습니다.

"무슨 행사라도 있습니까?"

"아니, 행사는 아니지만 그날 프랑스 장교들을 초대했다네."

그 말이 끝나자마자 베토벤은 화를 벌컥 내며 소리쳤습니다.

"그러니까 저더러 후작님의 파티에 흥을 돋우기 위해 그 자리에 가서 연주를 하라는 말입니까? 그런 일은 하인들에게나 시키는 것 아닙니까?"

베토벤의 오랜 친구이자 후원자로서 그리 어렵지 않은 부탁이라고 생각했던 리히노프스키 후작은 크게 마음이 상했습니다. 이 일로 오랫동안 가깝게 지낸 두 사람은 멀어지게 되었습니다. 하지만 리히노프스키 후작이 베토벤을 오랫동안 묵묵히 도와준 후원자이자 친구로서 베토벤의 생애에서 매우 중요한 역할을 했던 사람이라는 사실은 분명합니다.

베토벤을 만든 사람들

세월이 흐르면서 베토벤을 변함없이 믿고 지지하던 후원자들은 하나 둘 세상을 떠났습니다. 20년 넘게 베토벤에게 경제적인 후원과 함께 굳건한 믿음을 보여 주었던 리히노프스키 후작 역시 1814년에 세상을 떠났습니다.

이미 킨스키 후작이 세상을 떠난 데다 1816년에는 로프코비치 공작마저 삶을 다하자 귀족들의 저택에서는 더 이상 연주회가 열리지 않았습니다. 이로써 예술가들이 귀족들에게 경제적으로 의존하는 세상은 끝이 나고 말았습니다.

하지만 베토벤이라는 뛰어난 예술가를 알아본 후원자들의 안목이 없었다면, 그리고 그들이 예술가에게 기꺼이 자신의 재산을 나누어 줄 수 있는 마음이 없었다면 아마도 베토벤은 작곡을 계속할 수 없었을 것입니다.

베토벤이라는 천재적인 음악가가 그토록 아름다운 음악을 만들 수 있도록 이끈 힘은 바로 음악을 사랑하는 후원자들의 마음이었습니다.

베토벤의 사랑

후원자들의 도움으로 경제적인 어려움에서 해방되었던 1809년 무렵, 베토벤은 남들처럼 결혼해서 단란한 가정을 꾸리고 싶었습니다. 그러나 전쟁으로 사회가 뒤숭숭한 데다 그해 초에 베토벤의 주치의* 요한 슈미트와 한때 스승이었던 하이든이 세상을 떠났기 때문에 베토벤은 우울하고 쓸쓸한 마음을 달래야 했습니다.

주치의 어느 한 사람의 건강 상태나 병을 돌보는 담당 의사.

그러나 언제나 그랬듯이 위기가 닥쳐와도 베토벤은 뛰어난 작품을 창작했습니다. 베토벤은 그 무렵 피아노 협주곡 '황제'를 비롯해 현악 4중주 등 여러 곡을 만들었습니다.

또한 베토벤은 자신을 치료하던 중 사망한 요한 슈미트 대신 새로운 의사인 요한 바티스트 말파티 박사에게 다시 귀 치료를 받기 시작했습니다.

이듬해에는 치료를 받으며 알게 된 말파티 박사의 조카딸인 열아홉 살 처녀, 테레제 말파티에게 청혼했지만 거절당하고 말았습니다. 사실 베토벤은 많은 여자들을 사랑했지만 단 한 번도 결혼으로 이어지지 못했습니다. 베토벤이 처음으로 청혼했던 줄리에타 구치아르디에게는 소나타 '월광' 소나타까지 헌정했지만 단번에 거절당하고 말았습니다.

베토벤은 그녀를 깊이 사랑해서, 결혼하고 싶었지만 가난한 평민 출신 예술가인 베토벤과 달리 줄리에타는 귀족이었습니다. 줄리에타는 갈렌베르크 백작과 결혼해 이탈리아로 떠났습니다.

그 뒤 베토벤은 줄리에타의 사촌인 요제피네 폰 브룬스비크를 사랑하게 되었지만 그녀는 어머니의 강요로 다른 남자와 결혼하고 말았습니다.

다시 시간이 흐른 뒤 새롭게 베티나 브렌타노라는 여자를 좋아하게 된 베토벤은 용기를 내어 청혼을 했지만 역시 거절당하고 말았습니다. 사랑하는 여자들에게 끊임없이 거절당하자 베토벤은 몹시 괴로워했습니다.

그런데 이처럼 지금까지 알려진 여자들 외에도 베토벤이 사랑했던 여인이 또 있었습니다. 베토벤이 죽은 뒤 '불멸의 연인'에게 보내는 열정적인 연애 편지가 발견되었던 것입니다. 편지를 살펴보면 베토벤은 상대방에게 순수한 사랑을 아낌없이 바치고 있는데, 그녀가 누구인지는 잘 드러나 있지 않습니다.

이 일을 소재로 해서 1995년에는 베토벤의 일생을 그린 영화 〈불멸의 연인〉이 만들어지기도 했습니다. 하지만 이 영화는 베토벤의 일생을 진지하게 그린 전기 영화는 아닙니다.

베토벤이 '불멸의 연인'이라고 적은 여인이 누구인지는 지금까지 알려지지 않고 있습니다. 그저 후대의 사람들이 나름대로 이런저런 추측을 하고 있을 뿐입니다.

괴팍한 음악가

한편 빈에서는 베토벤이 얼마나 까다롭고 괴팍한지 1년이면 몇 번씩 이사를 다니고, 하인을 수시로 바꾼다는 소문이 돌기 시작했습니다. 베토벤이 까다로운 사람이었던 것은 사실입니다.

어느 날 베토벤의 집에 손님이 찾아왔을 때의 일입니다. 손님이 하인에게 말했습니다.

"주인님에게 요한 안드레아스 슈툼프가 왔다고 전하게. 그러면 아실 거야."

"죄송하지만 좀 기다리셔야겠습니다. 지금은 작업 중이라 손님을 만나도 좋다는 허락이 있을 때까지는 아무도 들여보낼 수 없습니다."

"그렇군. 그럼 기다리겠네."

슈툼프는 응접실에서 잠자코 앉아 기다렸습니다. 집 안쪽에서 희미하게 피아노 소리가 흘러나오고 있었습니다. 이윽고 안에서 종소리가 들리자 하인이 베토벤의 작업실로 들어갔다 나왔습니다.

"이제 들어가시지요."

작업실로 들어가자 베토벤이 반갑게 맞이했습니다.

"이게 대체 얼마만인가?"

"여전히 바쁜 모양입니다그려. 건강은 좀 어떠십니까?"

두 사람은 오랜만에 만나 세상 돌아가는 이야기를 나누었습니다. 베토벤은 친구와 유쾌하게 이야기하는 것을 무척 좋아했습니다. 이야기가 길어져 식사할 시간이 되었습니다.

"벌써 점심때군. 나랑 같이 점심을 먹지. 나같이 가난한 예술가가 좋은 음식이야 대접할 수는 없지만 그럭저럭 배는 채울 수 있을 거야."

"저야 아무래도 좋습니다."

베토벤은 주방 하녀를 불렀습니다.

"오늘 점심 메뉴는 뭐지?"

"파마산 치즈를 얹은 마카로니인데요."

"그래, 그거 참 잘됐군. 두 사람 걸 준비해 줘. 내가 이야기하고 있을 땐 음식이 나와선 안 돼. 알았지?"

하녀는 고개를 끄덕이긴 했지만 뾰로통한 표정이었습니다. 베토벤은 손님과 대화를 하거나 혼자 생각에 잠겨 있을 때 누군가 방해하는 것을 굉장히 싫어했습니다. 그래서 모든 음식은 대화나 생각이 끝난 뒤 식탁에 올라와야 했습니다.

하지만 대개의 경우 이야기가 길어지기 때문에 주방 하녀가 만든 음식은 불어터지거나 식어 버리기 일쑤였습니다. 그렇게 되면 베토벤은 음식을 망쳐 놓았다고 화를 냈습니다. 이래저래 난처한 하녀는 대화가 끝나기를 호시탐탐 노리는 수밖에 없었습니다.

그날도 요한과 베토벤은 와인을 마시면서 즐겁게 이야기하고 있었습니다. 그런데 베토벤이 음식을 가져오라는 지시를 내리지도 않았는데 하녀가 슬그머니 들어와 식탁에 마카로니가 담긴 접시를 올려놓았습니다. 그걸 본 베토벤은 버럭 소리를 질렀습니다.

"아니, 이런 고집쟁이를 봤나! 누가 이런 짓을 하랬어?"

베토벤은 김이 모락모락 피어오르는 마카로니 접시를 하녀에게

확 밀쳤고, 하녀는 그것을 얼른 앞치마로 받아 냈습니다. 늙은 주방 하녀는 꿍얼거리며 접시를 가지고 나갔습니다.

베토벤은 이처럼 아랫사람들이 신경에 거슬리는 행동을 하면 달걀을 집어던지거나 의자를 던지기도 했습니다. 성격이 불같이 급했기 때문입니다. 그래서 베토벤의 집 하인이나 주방 하녀는 수시로 바뀌었고 이사도 자주 다녔습니다.

또 베토벤은 새벽에 동이 트자마자 일어나 산책을 나가거나 피아노 앞에 앉아 작곡을 했습니다. 베토벤이 사는 곳에선 하루 종일 피아노 소리가 흘러나왔습니다. 음악을 사랑하고 베토벤을 아끼는 사람들은 이해할 수 있는 일이지만, 그를 모르는 사람들로서는 한밤중까지 이어지는 피아노 소리에 괴로웠을 것입니다. 그래서 베토벤은 귀족의 집에 얹혀살기도 하고, 가까운 친구나 아는 사람의 집에서 함께 살기도 했습니다. 살 집을 구하기보다 그편이 편했으니까요. 하지만 성격이 워낙 까다로워 다른 사람과 같이 사는 기간이 길지는 않았습니다.

베토벤이 만일 결혼을 했다면 아랫사람들과 부딪치는 일도 그다지 심각하지 않았을 것이고, 살 집을 구하는 문제 역시 좀 더 쉽게 해결되었을지도 모릅니다. 하지만 베토벤은 끝내 결혼하지 않은 채 혼자 살았습니다.

결혼을 하지 않았기 때문에 살림을 스스로 꾸려 나가야 했던 베토벤은 바느질이며 빨래, 요리뿐 아니라 이사 갈 집을 구하는 일과 그 밖의 모든 자질구레한 일들에 직접 관여해야 했습니다. 하인들이 베토벤의 괴팍한 성격을 못 견디고 모두 나가 버리는 바람에 이틀을 꼬박 굶은 적도 있었습니다.

사정이 이러니 베토벤을 아끼는 주위 사람들이 나서서 도와야 했습니다. 리히노프스키 후작 부인, 에르되디 백작 부인 등은 베토벤을 가족처럼 따뜻하고 친절하게 보살펴 주었습니다.

가장 친한 친구 중 하나인 슈테판 폰 브로이닝은 베토벤이 앓아누워 있을 때 자기 집으로 데려와서 몇 달씩 극진하게 간호해 주기도 했습니다.

이처럼 귀족들과 음악가들, 제자들, 친구들을 비롯해 그 가족까지 나서서 베토벤이 힘들어할 때면 자기 일처럼 나서서 도와주었습니다. 그들은 이 천재 음악가가 얼마나 뛰어난 음악성을 지니고 있는지 잘 알고 있었습니다. 또한 베토벤의 내면에는 누구도 흉내 낼 수 없는 숭고한 인간성이 깃들어 있다는 것도 알고 있었습니다.

비록 혼자 사느라 생활도 엉망이었고 외로움도 깊었지만, 그를 사랑하는 많은 사람들의 도움으로 베토벤은 그러한 생활을 견뎌 낼 수 있었습니다.

베토벤의 위기

무너지는 신화

1815년 1월 15일, 빈에서 공연이 열렸을 때의 일입니다. 베토벤은 러시아의 황후를 위한 〈아델라이데〉 공연에서 성악가인 프란츠 빌트가 부르는 노래의 반주를 맡았습니다.

하지만 베토벤의 연주는 옛날과 조금 달랐습니다. 그토록 화려하고 장중하면서 강렬한 연주로 사람들의 눈에서 눈물이 흐르게 만들었던 피아니스트 베토벤의 연주가 아니었습니다. 귀가 완전히 멀어서 엉망으로 연주를 하고 말았던 것입니다.

사람들은 무거운 침묵으로 거장 루트비히 판 베토벤의 신화가 무너지는 모습을 바라보았습니다. 그날의 연주는 베토벤이 대중 앞에

나선 마지막 연주회가 되었습니다.

1815년은 베토벤에게 시련의 해였습니다. 그해에 두 동생 중 막냇동생이 부인과 아들 하나를 남겨 두고 세상을 떠났습니다. 동생 역시 어머니처럼 결핵을 앓다가 죽었던 것입니다.

베토벤은 동생이 죽기 전 유언장에 큰아버지인 자신을 조카 카를의 후견인으로 지정하도록 설득했습니다. 동생의 아내이자 어린 조카의 어머니인 요한나가 그의 마음에 들지 않았기 때문입니다. 베토벤은 죽은 동생 대신 자신이 카를의 아버지 노릇을 하기로 마음먹었습니다.

> **결핵** 결핵균에 감염되어 일어나는 전염병. 주로 폐에 걸리지만 다른 장기에 걸리기도 함.
> **후견인** 아직 자립할 능력이 없는 미성년자나 능력이 부족한 사람을 돌보아 주는 사람.

하지만 동생은 유언장에 베토벤과 아내를 카를의 공동 후견인으로 지정했습니다. 그러자 베토벤은 카를의 어머니가 후견인 자격이 없다며 자신이 혼자 카를을 맡게 해 달라는 소송을 냈습니다. 베토벤은 카를의 어머니가 부도덕한 사람이라서 아이를 올바로 키울 자격이 없다고 주장했습니다.

이 지루하고 힘든 소송은 자그마치 5년이나 계속되었습니다. 그동안 베토벤과 카를, 카를의 어머니 모두가 지쳐 버렸습니다. 베토벤은 카를을 어머니에게서 떼어놓기 위해 할 수 있는 방법을 다 썼습니다.

베토벤은 카를을 비싼 기숙학교에 보내고, 카를이 다니는 학교 가까이로 이사를 다니면서 조금이라도 카를과 가까이 지내려고 노력했습니다. 또 카를을 제대로 키우기 위해 생활비를 지독하게 아끼면서 돈을 모았습니다. 장에 가서 물건을 살 때도 터무니없이 값을 깎고, 하인들이 혹시 물건이나 음식을 밖으로 빼돌리지 않는지 끊임없이 신경을 썼습니다. 하지만 카를은 그런 큰아버지를 좋아하지 않았습니다.

몇 년이 지나 베토벤은 카를을 집으로 데려와 함께 살기 시작했습니다. 그러자 이번에는 카를의 어머니 요한나가 큰아버지인 베토벤이 카를을 맡아 키울 자격이 없으니 자신이 맡아야 한다며 법원에 소송을 냈습니다. 베토벤과 요한나는 카를을 사이에 두고 서로에게 상처를 주었으며, 카를은 날이 갈수록 침울한 아이가 되었습니다.

카를은 위대한 음악가인 큰아버지가 무섭기도 하고, 부담스럽기도 했습니다. 또한 창피할 때도 있었습니다. 평소 다른 사람들에게 지나치게 인색하게 구는 데다 구겨지고 해진 옷을 아무렇지도 않게 입고 다녔고, 음식점에서는 음식 값을 놓고 싸우기 일쑤였기 때문입니다.

기나긴 소송을 하면서 몸과 마음이 시달 내로 지치고 황폐해졌으나 베토벤은 작곡을 계속했습니다. '함머클라비아 소나타'를 완성했고 교향곡 제9번 '합창'의 밑그림을 그렸습니다. 또한 '디아벨리 변주곡'과 '장엄 미사'의 많은 부분을 완성했습니다.

1816년부터는 대규모 연주회를 열면서 베토벤의 인기가 다시 살아나기 시작했습니다. 성 마르코 병원 자선 연주회를 비롯해 음악 예술가 협회 같은 단체에서 주관하는 자선 연주회가 계속 열렸고, 연주회 곡목에는 베토벤의 작품이 반드시 들어 있었습니다. 1818년에는 25군데의 연주회에서 베토벤의 곡을 연주했습니다. '에그몬트 서곡', '감람산 위의 그리스도', '프로메테우스 서곡', '코리올란 서곡', '영웅' 교향곡, '아델라이데' 등의 많은 작품이 활발하게 연주되었습니다.

피아니스트 체르니나 피아노 제작자인 슈트라이허 같은 사람들 집에서는 소규모로 음악 모임이 열리곤 했습니다. 이런 작은 모임에서도 베토벤의 실내악을 듣고 싶어 하는 사람들이 많았습니다. 베토벤은 이런 모임에 빠지지 않고 참석했으며 가끔은 조카 카를을 데리고 와서 자기 음악을 들려주기도 했습니다. 전문가들이 모인 작은 음악 모임에서 베토벤은 기분이 내키면 즉흥 연주를 하곤 했는데, 그의 즉흥 연주는 그 자리에 참석한 사람들의 마음에 깊이 감동을 주었습니다.

그 무렵에는 빈 밖에서도 베토벤의 인기가 상당히 치솟아서 모차르트나 하이든의 인기를 뛰어넘을 정도였습니다. 당시 유럽에서 베토벤의 인기와 비교되는 작곡가는 로시니 같은 오페라 작곡가들뿐이었습니다.

어느 날의 소풍

베토벤의 이름이 널리 알려지면서 한 가지 곤란한 일이 생겼습니다. 베토벤이 사는 곳에 사람들이 몰려들기 시작한 것입니다. 사람들은 멀리서라도 이 거장을 보기 위해 베토벤이 사는 집의 거리에서 그의 부스스한 얼굴이 창가에 나타나기를 기다렸습니다.

가뜩이나 성격이 까다로운 탓에 사람들이 있는 데서는 일을 못하는 베토벤에게는 난감한 일이 아닐 수 없었습니다. 원래 이사를 잘 다니는 편이었지만 이 때문에 베토벤은 더욱 자주 이사를 다녀야 했습니다.

관절염을 앓기 시작하면서 베토벤은 추운 겨울을 나기가 점점 힘들어졌습니다. 그래서 봄이 되면 따뜻한 온천에 몸을 담그기 위해 휴양지를 찾아다녔습니다. 빈에서 멀지 않은 데다 온천으로 유명한 바덴은 베토벤에게 가장 좋은 휴양지였습니다. 베토벤은 바덴 근처의 숲으로 자주 산책을 다녔습니다.

따뜻하고 청명한 날씨를 즐기며 베토벤은 소송으로 복잡한 머리를 식히기 위해 한두 시간씩 걸어다녔습니다. 산책을 하면서 자신의 내면에만 집중했기 때문에 나무 밑이나 찻집, 또는 식당에 모자를 두고 나오기 일쑤였습니다. 그래서 갑자기 비라도 쏟아지면 꼼짝없이 비에 흠뻑 젖고는 했습니다.

또 날이 더울 때면 겉옷을 벗어 지팡이에 걸쳐 놓곤 했는데, 그 옷을 다시 입으면 지팡이에 걸쳐 두었던 어깨 부분이 툭 튀어나와 우스꽝스러운 모습이 되었습니다. 그러나 베토벤은 그런 것에는 전혀 개의치 않았습니다.

베토벤은 따뜻한 계절에는 단골 술집에 가서 아는 사람들과 어울렸고, 추운 겨울에는 작곡을 하거나 책을 읽었습니다. 때로는 악상이 떠올라 저녁에도 일을 계속해야 할 때가 있었습니다. 그러나 젊은 시절에는 촛불을 켜고 한밤중까지 몰두하면서 작곡했지만 나이가 들면서부터는 그렇게 할 수 없었습니다. 깜박거리는 촛불 밑에서 오래 일을 하다 보니 눈이 많이 아팠기 때문입니다. 그때까지도 전기가 발명되지 않아 사람들은 어두워지면 촛불을 켜야 했습니다. 귀가 들리지 않는데 눈까지 안 보이게 되면 큰일이므로 베토벤은 아쉽지만 밤에는 작곡을 쉬었습니다.

어느 날 베토벤은 오스트리아 경계의 스위스 쪽으로 소풍을 가기로 마음먹었습니다. 그곳 경치가 좋다는 소문을 들었기 때문입니다. 베토벤은 말 네 마리가 끄는 화물용 마차를 빌려 그 위에 악기 몇 가지를 실었습니다. 마부는 무거운 악기들 때문에 투덜거렸지만 베토벤은 무척 기분이 좋았습니다.

따스한 바람이 살랑살랑 불어올 때마다 옥수수밭이 물결을 쳤습니다. 봄꽃은 여기저기서 부풀어 오르고 있었습니다. 그와 같은 풍경을 보니 악상이 저절로 떠올랐습니다. 베토벤은 마차를 세우고 몇 발자국 걸으며 노트를 꺼내 악보를 그려 넣기를 거듭했습니다. 베토벤은 작곡에 몰두한 나머지 목적지도, 마차와 마부도 잊고 말았습니다. 그래서 화가 난 마부는 그만 마차를 돌려 혼자 돌아오고 말았습니다.

베토벤은 먼 길을 걸어서 돌아오느라 거의 초죽음이 되었습니다. 저녁이 다 되어 빈으로 돌아와 보니, 마부가 시장 바닥에 악기를 아무렇게나 내던져 놓고 사라져 버린 뒤였습니다. 화가 잔뜩 나 있던 베토벤은 그 모습을 보고 오히려 커다란 웃음을 터뜨렸습니다. 옆에는 몇 명의 아이들이 처음 보는 희한한 악기를 신기하게 바라보고 있었습니다. 이 천진한 예술가는 야경꾼°이 자정을 알릴 때까지 달빛 아래서 신나게 연주하며 아이들과 즐거운 음악회를 가졌습니다.

야경꾼 밤사이에 화재나 범죄가 없도록 살피고 지키는 사람.

베토벤은 겨울에는 주로 빈에서 지내다 봄이 되면 근교로 나가서 새로 집을 얻었습니다. 계절에 따라 집을 바꾼 것입니다. 뫼들링은 베토벤이 여름에 주로 살았던 곳입니다. 베토벤은 뫼들링에 있는 집 창밖으로 펼쳐진 풍경을 좋아했습니다. 어린 시절에 그랬듯이 베토벤은 나이가 들어서도 여전히 창가에 앉아 우거진 수풀과 아름다운 나무들 그리고 예쁜 꽃들을 바라보며 깊은 생각에 잠기는 것을 좋아했습니다. 그런 시간에는 베토벤을 방해하면 안 되었습니다.

귀가 들리지 않게 된 뒤에도 놀라운 곡을 발표하는 천재적인 작곡가 베토벤에게는 적지 않은 손님들이 찾아왔습니다. 하지만 오는 손님을 모두 다 맞아들이면 작곡할 시간이 모자랐습니다. 베토벤은 자신을 찾아오는 손님들이 귀찮았습니다. 그래서 일부러 무뚝뚝하게 굴어서 그들 스스로 얼른 일어나 가 버리게 만들었습니다.

어느 화창한 여름날, 베토벤은 뫼들링에 있는 집에 딸린 아름다운 정원에서 하녀와 앉아 이런저런 이야기를 나누고 있었습니다. 귀가 완전히 들리지 않게 되자 목소리가 점점 커져서, 베토벤은 대수롭지 않은 이야기를 할 때도 소리를 지르곤 했습니다. 베토벤은 다음 날 먹을 음식에 대해 이야기하고 있었습니다.

"안나, 쇠고기는 푹 익혀서 소스를 흥건하게 올려야 해. 삶은 양배추에 지난번에 만든 그 소스를 끼얹어 줘. 그리고 내일은 장에 가서 노루 고기가 있나 좀 알아봐."

"노루 고기는 구하기 힘들 텐데요."

"없으면 그야 어쩔 수 없지……."

그때 오보에를 아주 잘 연주하는 귀족 한 사람이 정원으로 들어왔습니다. 자기 허락 없이는 손님 만나기를 싫어하는 베토벤은 기분이 별로 좋지 않았습니다.

귀족은 반갑게 인사를 건넸습니다.

"안녕하시오, 베토벤 선생. 이거 참 반갑소이다."

"안녕하십니까, 백작님. 연락도 없이 무슨 일로 여기까지 찾아오셨습니까?"

귀가 들리지 않는 베토벤 때문에 두 사람은 노트를 이용해 베토벤의 작품에 대해 한참 동안 이야기를 나누었습니다. 그러니까 손님은 노트에 쓰고, 베토벤은 거기에 말로 대답하는 것이었습니다. 백작은 자기가 하고 싶은 이야기를 조심스럽게 적었습니다.

"다름이 아니라 선생은 어떻게 생각할지 모르지만 방금 말씀드린 그 부분이 너무 어려워서 말이오. 그러니까 내 생각엔 그 부분을 좀 바꾸면 어떨까 싶은데. 아마 어떤 오보이스트도 그 부분을 연주할 수 없을 서요."

베토벤은 조금도 망설이지 않고 커다랗게 대답했습니다.

베토벤

"실력 있는 오보이스트라면 그 부분을 충분히 연주할 수 있습니다. 제가 감히 충고를 하나 드리자면 교습을 좀 받으시지요, 백작님. 바빠서 그럼 전 이만."

베토벤은 말을 끝내고 일어섰습니다.

빈 최고의 오보이스트라고 자부하는 백작에게 그것은 커다란 모욕이었습니다. 화가 머리끝까지 솟구친 백작은 자기도 모르게 소리쳤습니다.

"이런, 버르장머리 없는 인간 같으니!"

하지만 베토벤은 그 소리를 전혀 듣지 못한 채 자기 방으로 들어가 버렸습니다. 베토벤은 상대가 아무리 귀족이라 해도 자기 작품에 대해 이런저런 평을 하는 것을 싫어했습니다.

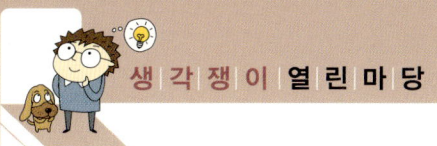

괴테와 실러

 괴테를 이야기할 때면 불후의 문학가라는 말이 항상 따라다닌다. '불후' 란 썩지 않는다는 뜻으로, 그 가치가 변하거나 없어지지 않는다는 뜻이다. 괴테는 독일 바이마르 공국의 재상에 오를 정도로 명석한 인물이었으며 평생에 걸쳐 수많은 소설과 시, 희곡과 논문을 쓴 작가였다. 뿐만 아니라 해부, 동물, 물리, 기상 등 여러 가지 자연 현상에 대해 끊임없이 탐구하고 연구한 과학자였다.

 평생 동안 잠시도 쉴 틈 없이 연구하고 관찰하고 생각하고 글을 쓰면서 인간의 한계를 넘어서고자 한 괴테의 노력은 만년에 이르러 신의 경지까지 이르렀다는 평가를 받았다. 《빌헬름 마이스터》, 《젊은 베르테르의 슬픔》, 《파우스트》는 지금도 많은 작가들에게 영감을 주는 작품으로 손꼽힌다.

 실러는 《군도》, 《발렌슈타인》, 《빌헬름 텔》 등의 희곡을 쓴 작가이다. 초기에 실러는 정치와 사회를 비판하는 작품을 주로 썼고, 후기에는 인간의 내면적인 자유를 찾는 작품을 썼다. 실러는 희곡뿐 아니라 시와 논문을 통

해 인간의 내면적인 모습을 탐구했다.

18세기 말 독일에서는 딱딱하고 억압적인 합리주의와 계몽주의를 극복하고자 하는 새로운 문예 운동이 일어났다. 그것은 자연과 인간의 감정, 그리고 개인주의를 옹호하는 질풍노도 운동이었다. 괴테는 젊은 시절 여러 사람들과 함께 〈독일 예술과 미술에 관하여〉라는 논문을 발표해 이러한 질풍노도의 정신을 드러냈다. 그리고 이 운동의 정신을 요약한 《젊은 베르테르의 슬픔》을 발표해 질풍노도 운동의 중심 인물로서 세계적인 명성을 얻었다. 1781년 실러가 《군도》를 발표하면서 이 운동은 새로운 단계로 접어들었다.

괴테는 1794년에 열 살 아래의 실러를 만나 서로 영향을 주고받았다. 반항적 기질이 다분한 청년이었던 실러는 괴테를 만나면서 문학적으로 성숙해졌으며, 괴테 또한 실러의 깊은 이해에 용기를 얻어 많은 작품을 쓰기 시작했다. 두 사람은 11년 동안 1,000여 통의 편지를 주고받는 지극한 우정을 나누었다. 실러와 괴테는 모두 독일 고전주의 문학을 형성하는 위대한 작품을 남겼다.

베토벤을 비롯한 18세기 유럽의 예술가들 중 괴테와 실러가 일으킨 질풍노도 운동이라는 커다란 물결에 영향을 받지 않은 사람은 거의 없었다. 베토벤은 실러와 괴테의 작품에서 영감을 받아 많은 음악을 작곡했고, 슈베르트 역시 마찬가지였다.

마술을 부리는 베토벤의 음악

비창과 월광, 운명과 전원

베토벤의 초기 작품 중 리히노프스키 후작에게 헌정한 소나타 '비창'은 가장 널리 알려진 소나타 중 하나입니다. 이 곡을 듣다 보면 햇살이 퍼지는 나른한 오후가 떠오릅니다. 가볍지 않으면서도 감미롭고 슬픈 느낌이 곡 전체에 스며들어 있습니다.

역시 소나타로, 베토벤이 사랑하는 여인 줄리에타에게 바쳤던 '월광'을 듣고 있자면 고요한 달빛이 비치는 호수가 떠오릅니다. 달빛을 받은 호수의 물결이 섬세하고 잔잔하게 일렁이는 풍경이 마치 눈앞에 펼쳐지는 듯합니다. 불같이 급하고 격정적인 성격의 베토벤이 어떻게 이토록 절제되고 섬세한 곡을 만들었는지 믿기가 힘들 정도입니다.

　베토벤은 교향곡 제5번 '운명'과 제6번 '전원'을 비슷한 시기에 작곡했습니다. '운명'은 한 번 들으면 누구나 그 리듬을 기억할 수 있을 정도로 강렬하고 인상적입니다. 또한 베토벤의 작품 중 가장 유명한 곡이라고 할 수 있습니다. 처음 시작할 때 쿵!쿵!쿵! 쿠웅! 하고 울리는 그 소리는 베토벤 자신이 말한 것처럼 마치 운명이 문을 두드리는 것처럼 장중하고 진지한 느낌을 줍니다.

　제1악장은 경쾌하고 찬란한 느낌입니다. 제2악장 역시 밝은 분위기가 이어집니다. 그리고 제3악장은 고전적인 미뉴에트 양식의 유쾌함을 담고 있습니다. 마지막 4악장은 빠른 템포로 진행되어 무엇보다 생동감이 넘칩니다. 이 작품 역시 많은 사람들의 사랑을 받는 클래식 음악 가운데 하나로 늘 꼽힐 정도로 많은 사람들이 좋아하는 작품입니다.

　사람들은 '운명'을 들으면서 귀머거리가 된 베토벤이 자신의 가혹한 운명에 맞서 투쟁하고 결국 승리하는 모습을 떠올리곤 합니다. 형식적으로도 대단히 견고한 구성을 지니고 있어서 훌륭한 대가의 작품이라는 걸 알 수 있습니다.

　비슷한 시기에 만들었지만 '전원'은 '운명'과 진혀 분위기가 다릅니다. '운명'이 인간적이고 남성적이라면 '전원'은 자연적이면서 여성적이라고 볼 수 있습니다.

'전원'의 제1악장의 느낌을 베토벤은 악보에 '전원에 도착했을 때 느끼는 상쾌한 기분'이라고 적었습니다. 제2악장은 '시냇가 풍경'입니다. 관악기들이 여러 가지 새소리를 내고 있습니다. 제3악장은 '농부들의 즐거운 축제'입니다. 투박하면서도 야성적인 농부들이 춤추는 모습이 떠오릅니다. 제4악장은 '천둥과 번개, 폭풍우'입니다. 트럼본, 피콜로 등의 악기가 비바람과 천둥, 번개를 묘사하고 있습니다. 마지막 제5악장은 폭풍우가 끝난 뒤, 고요하고 목가적인 전원의 분위기를 담고 있습니다. 맑고 고운 플루트 소리가 울려 퍼집니다.

베토벤은 화를 잘 내고 까다로운 사람이었습니다. 그러나 베토벤이 아무리 괴팍하고 까다롭게 굴어도 아름답고 서정적이면서 때로는 격정적인 그의 음악을 들은 사람들은 베토벤을 사랑하지 않을 수 없었습니다. 사람들은 '비창'이나 '월광' 같은 곡을 듣다 자기도 모르게 눈물을 흘리곤 했습니다.

베토벤은 음악으로 한없이 잔잔하고 광활한 자연을 펼쳐 보이기도 하고, 인간의 내면에 있는 열정과 격정, 절망과 영광을 표현하기도 했습니다. 사람들은 베토벤의 음악을 들으며 인간의 삶에 대해 깊은 감동을 받고는 했습니다.

뫼들링 춤곡

빈 남부에 있는 뫼들링은 역사가 오래된 고장으로 특히 자연 경관이 아름답기로 유명합니다. 뫼들링에는 한 여관이 있고, 이 여관 앞에는 오래된 옛날 성문이 있는데, 슈베르트가 이 성문을 보고 '성문 앞 우물 곁에 서 있는 보리수'라는 곡을 작곡했다고 합니다.

베토벤은 여름이면 빈을 떠나 뫼들링에 가서 지내곤 했습니다. 그곳에는 베토벤이 산책하는 길에 잠깐씩 들러 음료수나 가벼운 음식을 사 먹는 단골 선술집이 있었습니다. 그 술집 이름은 '까마귀 세 마리'였습니다. 그날도 베토벤은 목이 말라서 '까마귀 세 마리'에 들어갔습니다.

"주인장, 여기 시원한 음료수 한 잔 주시오."

베토벤이 들어서자 앞치마를 두른 주인이 함박 웃으며 다가와 인사를 건넸습니다. 주인은 노트에 글씨를 적었습니다.

"어서 오세요, 베토벤 선생님. 요 며칠 안 오시기에 소식이 궁금하던 참이었습니다."

"일이 좀 바빴다오."

선술집 주인은 큼직한 잔에 시원한 맥주를 담아 내왔습니다. 그때 그곳에서 저녁마다 음악을 연수하는 악사들이 베토벤에게 다가오며 말을 건넸습니다.

"베토벤 선생님, 안녕하세요? 저희들이 지난번에 부탁한 춤곡은 만들고 계신 거죠?"

"걱정 말게. 지금 만들고 있으니까."

"이봐, 슈미트! 선생님이 곡을 만들어 오시는 날은 잔치를 벌이자고!"

"그래, 그거 좋지!"

악사들은 베토벤을 볼 때마다 흥겨운 민속 춤곡을 만들어 달라고 졸랐습니다. 베토벤 역시 민속 음악을 좋아했습니다. 또한 그 자신이 피아니스트였기 때문에 악사들의 고달픈 사정을 누구보다 잘 알고 있었습니다. 그래서 연주하는 도중에 악사 중 한 사람은 쉬거나 잠을 잘 수 있는 곡을 만들어 주기로 마음먹었습니다.

이윽고 곡이 완성되어 베토벤이 악보를 가지고 가자 뫼들링 사람들은 잔치를 벌이며 신나게 연주하고 춤을 추었습니다. 사람들이 얼마나 많이 모여들었는지 건물이 너무 좁아서 밖으로 나가 춤을 추어야 할 정도였습니다. 이 곡이 '뫼들링 춤곡' 입니다.

베토벤은 이곳에서 농민이나 평민들과 스스럼없이 어울리며 즐겁고 편안한 시간을 보냈습니다. 격식을 차려야 하는 귀족들과 달리 그들과 함께 있으면 체면을 차리거나 예의를 차리느라 이런저런 신경을 쓰지 않아도 되었기 때문입니다.

한 줄도 쓰지 않는 날이 없기를

서임 어떤 사람에게 어떤 직책이나 직위 등 벼슬자리를 내림.

그러던 중 베토벤을 후원해 준 루돌프 대공이 올뮈츠의 대주교로 서임*을 받게 되었습니다. 그래서 서임날인 1820년 3월 9일까지 미사곡을 만들어야 했습니다. 베토벤은 한 곡을 작곡하기 시작하면 그 곡에만 매달리는 것이 아니라 동시에 여러 곡을 작곡하는 습관이 있었습니다. 그래서 때로 한 곡을 작곡하는 데 몇 년이 걸리기도 했습니다.

그런 베토벤의 사정을 잘 아는 대주교는 몇 년이 걸려도 좋으니 천천히 작업하라고 배려해 주었습니다. 그래서 미사곡인 '장엄 미사'는 결국 1823년에 완성되었습니다. 동시에 여러 곡을 작곡해야 하고, 각각의 형식과 분위기가 전혀 달랐으므로 베토벤의 머릿속은 무척 복잡했을 것입니다.

사람들은 베토벤처럼 유명하고 위대한 음악가는 생활도 고상하게 할 거라고 기대했습니다. 커다란 저택에 살면서 고급스러운 옷을 입고, 세련되고 우아한 말과 행동을 하길 바랐습니다. 그러나 베토벤은 그러지 못했습니다.

평생 돈 때문에 고생을 해야 했던 베토벤에게는 언제나 하인 두 명과 주방 하녀 한 명이 딸려 있어야 했습니다. 매년 여름마다 휴가를 가야 했고, 고급스럽지는 않지만 맛있는 식사와 고급 포도주도 있어야 했습니다. 게다가 조카 카를의 기숙사비와 학비도 만만치 않게 필요했습니다. 목돈이 있었지만 카를에게 물려주어야 했으므로, 빌려 쓸지언정 절대 그 돈에는 손을 대지 않았습니다.

베토벤은 자신이 남들 눈에 어떻게 비치는지 전혀 신경 쓰지 않았습니다. 좋은 옷을 입고, 멋진 곳에 드나들면서 사람들에게 둘러싸여 위대한 음악가라는 칭찬을 듣고자 하는 허영심도 별로 없었습니다.

심지어 닳아서 너덜거리는 옷을 입을 때도 많았습니다. 먹고 자는 데 불편함이 없고 몸이 아프지 않으면 더 바랄 게 없었습니다. 베토벤의 관심은 오로지 음악뿐이었습니다.

베토벤은 어느 날 친구 베겔러에게 이렇게 편지를 써 보냈습니다.

…… 아무튼 내 음악의 목표는 바로 이것이라네. 곡을 한 줄도 쓰지 않는 날이 없도록 하는 것! 내 뮤즈가 잠들게 버려 두는 것도 오로지 그녀가 잠에서 깨어난 직후 더 활발해지기 때문이야. 나는 지금도 위대한 작품을 몇 편 더 만들고 싶다네. 그 다음에는 그저 친절하고 평범한 사람들 속에서 내 삶의 마지막 여정을 마무리하고 싶다네.

하지만 가끔은 사람들을 만나 세상 돌아가는 이야

뮤즈 그리스 로마 신화에 나오는 학문과 예술을 담당하는 여신.

기를 듣기도 했습니다. 특히 이따금 먼 곳에서 자기를 만나러 오는 사람들을 예전과 달리 친절하게 대접하기도 했습니다. 베토벤을 만나러 온 사람들 중에 당시 유럽 최고의 오페라 작곡가인 로시니가 있었습니다. 로시니는 〈신데렐라〉, 〈세빌리아의 이발사〉 등 불후의 오페라를 만든 이탈리아 작곡가입니다.

그러던 어느 날 음악에 대한 남다른 관심으로 유명했던 한 친구가 베토벤을 찾아왔습니다.

"자네 로시니라는 이름 들어 봤나?"

베토벤은 고개를 갸웃했습니다.

"로시니라……. 언젠가 자네랑 같이 가서 본 오페라를 쓴 작곡가 말인가?"

"그래, 맞아. 로시니가 자넬 만나러 빈에 온다는군."

"그 친구가 날 만나러 온다고?"

"그래, 만나 보겠나?"

"용건은 모르겠지만 날 만나러 이탈리아에서 온다는데 만나야겠지."

며칠 뒤에 로시니가 베토벤의 집으로 왔습니다. 고상하고 온화하면서도 상대방을 꿰뚫어보는 듯한 날카로운 눈빛을 가진 로시니는 젊고 매력적인 사람이었습니다.

"이렇게 멀리서 나를 찾아 주시니 고맙소."

"직접 뵙게 되어 영광입니다, 선생님. 선생님 곡을 듣고 꼭 한 번 뵙고 싶었습니다."

"나도 〈세빌리아의 이발사〉를 보았소만 아주 좋더군요."

"감사합니다."

두 사람은 음악에 대해 많은 이야기를 나누었습니다. 그러나 로시니는 무엇보다 베토벤의 궁핍한 살림살이를 보고 큰 충격을 받았습니다. 베토벤의 명성에 비해 너무 가난하게 사는 것이 마음에 걸렸던 것입니다. 이후에 로시니는 빈 궁정의 힘 있는 음악가들을 만나 베토벤을 경제적으로 도와 달라고 요청했으나 그 청은 이루어지지 않았습니다. 이탈리아로 돌아간 로시니는 걸작 〈세미라미데〉를 작곡했으나 보수적인 이탈리아 사람들은 이 작품의 진가를 알아주지 않았습니다. 로시니는 다시는 조국 이탈리아를 위해 작품을 쓰지 않기로 결심하고 이탈리아를 떠나 파리로 가서 살았습니다.

베토벤은 많은 제자를 키워 냈습니다. 피아노 연습곡으로 유명한 체르니도 베토벤의 제자였습니다. 체르니가 만든 피아노 연습곡은 지금까지도 음악 공부하는 학생들이 꼭 배워야 하는 기본적인 교본으로 사용되고 있습니다.

또한 천재 피아니스트 리스트도 베토벤이 사랑하고 아끼던 제자

리스트

중 한 명이었습니다. 어린 리스트가 빈에서 연주회를 갖게 되자 체르니는 베토벤을 초대했습니다. 그래서 베토벤은 체르니와 함께 연주를 지켜보았습니다. 연주회는 대성공을 거두었고 퉁명스러운 베토벤도 리스트에게는 칭찬과 격려를 아끼지 않았습니다.

이후 리스트는 피아노 독주회라는 형식을 처음 만들어 냈으며 피아노 연주를 위한 작곡 기법을 개발했고, 교향시의 형식도 만들었습니다.

1823년에는 베토벤에게 좋은 제의가 몇 가지 들어왔습니다. 영국의 런던 필하모닉 협회가 교향곡을 한 곡 주문했고, 빈의 케른트너토어 극장도 오페라를 주문했습니다. 또 러시아의 니콜라스 갈리친 공작이 현악 4중주곡을 부탁했습니다. 베토벤은 기꺼이 이 제안을 받아들였습니다.

그리고 그해 겨울 베토벤에게 영광스러운 일이 있었습니다. 빈의 대표적인 음악가들과 출판업자들, 음악 애호가들 30명이 베토벤에게 공개 편지를 보냈던 것입니다. 1824년 5월 케른트너토어 극장에서 큰 아카데미를 열자는 내용이었습니다. 이 편지에는 진심이 담겨 있었으므로 베토벤은 감동을 받아 아카데미 개최에 찬성했습니다.

베토벤은 친구들과 함께 프로그램을 짜고 연주자들을 정했습니다. 연주곡은 '장엄 미사', '헌당식' 등 종교적인 것이었습니다. 베토벤의 친구 슈판치히와 움라우프가 지휘를 맡았습니다. 베토벤의 친구 츠메스칼은 관절염으로 불구가 되었지만 이동의자에 앉은 채로 연주회에 참석했습니다.

주인공인 베토벤 역시 연주회에 참석했지만 안타깝게도 음악 소리도, 박수 소리도 듣지 못했습니다.

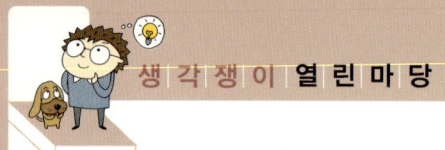

한국의 작곡가, 윤이상

1990년대 유럽에서 20세기 최고의 작곡가 중 한 사람으로 손꼽힌 한국계 독일인 작곡가가 있었다. 1995년 독일의 한 방송국에서 20세기의 최고 작곡가 30인 중 한 사람으로 윤이상을 선정함으로써, 당시 윤이상은 현존하는 현대 음악의 5대 거장으로 꼽히게 되었다.

경남 통영에서 어린 시절을 보낸 윤이상은 열일곱 살에 일본으로 유학해 첼로와 음악 이론, 작곡을 공부했다. 윤이상은 무장 독립 운동을 하려다 일본 경찰에 발각되어 옥에 갇히기도 했다. 해방 이후, 고등학교와 대학에서 음악 교사로 일하다가 1956년 프랑스로 유학을 떠나 파리 음악원에서 음악 공부를 했다. 그리고 가족과 함께 독일에서 살면서 곡을 발표하기 시작했다.

윤이상은 1966년 독일 도나우에싱겐 음악제에서 '대관현악을 위한 예악'을 발표하면서 세계적인 작곡가로 주목받기 시작했다. 하지만 이듬해 한국에 끌려와 재판을 받고 무기 징역형을 선고 받았다. 윤이상은 동베를린에서 북한 사람들을 만나기도 하고, 여러 차례 북한을 다녀오기도 했는데, 이는 모두 한국의 법을 어기는 행위였기 때문이었다. 그러나 윤이상은 국내외 음악인들의 항의와 독일 정부의 도움으로 석방되어 독일로 되돌아갔다. 이것이 바로 동베를린 간첩단 사건이다.

옥에 갇혀 있는 동안에도 윤이상은 감옥 바닥에 엎드려 '나비의 미망인', '율', '영상' 이라는 곡을 작곡했다. 동베를린 간첩단 사건은 윤이상에게 평생 지울 수 없는 쓰라린 상처를 남겼다. 남북한 모두 그에게는 똑같은 조국이었기 때문이다. 이후 윤이상은 동베를린 간첩단 사건 때 겪었던 아픈 경험 때문에 누구보다 현실과 정치에 민감하게 귀를 기울이며 살았다. 이러한 경험은 작품에 강한 정치성을 담아내는 데 큰 영향을 미쳤다.

교향시 '광주여, 영원히!' 는 광주 민주화 운동의 유혈 진압에 대해 항의하는 내용을 담고 있다. 윤이상은 사망하기 1년 전에 작곡한 '화염에 싸인 전사' 를 민주화 운동 과정에서 분신을 통해 자신의 주장을 알린 젊은이들에게 바쳤다.

1971년에 독일 국적을 얻은 윤이상은 같은 해 서독 킬 문화상을 받았다. 이후 죽을 때까지 독일에서 살면서 120여 곡을 작곡해 세계 최고의 현대음악 작곡가로 인정받았다. 윤이상의 음악은 정신적 · 미학적인 뿌리를 동아

시아와 한국에 두고 있다는 점에서 다른 서양음악가들과 차별성을 지녔다. 윤이상은 '세 소프라노와 관현악을 위한 나무'에서 무당을, 오페라 〈심청〉에서는 모심기 노래를, 칸타타 '나의 땅, 나의 민족이여!'에서는 우리 민요를 사용했다.

윤이상은 동양의 음양 사상을 조화와 대비라는 형식으로 음악에 구현시켰다. 길고 짧음, 빠르고 느림, 크고 작음처럼 반대되는 요소들의 대비와 조화를 꾀한 것이다. 베토벤 당시에도 새 곡을 발표하면 당시에도 이해할 수 없다, 어렵다는 불평을 하는 사람들이 있었듯이 윤이상의 음악을 처음 들은 사람들은 어렵고 지루하고 재미없다고 평하는 경우가 많았다. 곡을 연주하는 연주자들 역시 어렵게 느끼기는 마찬가지였다. 하지만 일단 윤이상의 음악에 빠지면 그 심오한 매력에 고개를 끄덕이고는 했다. 윤이상의 음악은 듣는 사람이 자기 자신을 진지하게 돌아보고 생각하게 만드는 힘을 가지고 있었기 때문이다.

윤이상이 세상을 떠난 지 10년이 지난 1997년부터, 우리나라에서는 윤이상을 기리는 윤이상 평화 재단을 만들고 각종 음악회를 열기 시작했다. 특히 통영에서는 윤이상이 자란 생가를 보존하는 작업을 하기 시작했고, 죽을 때까지 살았던 독일의 집도 기념관으로 만들기로 결정했다.

특히 2007년에는 윤이상 평화 재단과 국제 윤이상 협회가 윤이상 음악

싱을 제정했는데, 이 상은 콩쿠르를 열어 윤이상과 같은 뛰어난 작곡가들을 발굴하는 것을 목적으로 하는 데 의미가 있다. 이와 더불어 윤이상의 음악적 업적을 계승하고 아울러 독일과 한국이 음악을 교류하도록 한다는 데에도 의미가 있다고 할 수 있겠다.

숭고한 예술가

미치광이 작곡가

포근한 어느 날 저녁이었습니다. 빗질이라곤 한 번도 안 한 듯 부스스한 머리칼을 한 늙수그레한 사내가 볼품없는 옷차림으로 빈 거리를 걷고 있었습니다.

사내는 깊은 생각에 잠긴 채 그저 발길 닿는 대로 걷고 또 걸었습니다. 걷다 보니 어느새 날이 어두워지기 시작했고, 길가에 나 있는 어느 집 창문에서 밝고 따뜻한 불빛이 새어나오는 것이 보였습니다. 사내는 불빛이 새어나오는 집 창가에 붙어 서서 집 안을 들여다보았습니다.

집 안에 있던 사람들은 처음에는 누군가 집 안을 들여다보는 것을 몰랐지만 이내 알아차렸습니다. 밖에서 지나가던 사람들도 이 허름한 사내를 이상한 눈으로 바라보던 참이었습니다. 집주인이 나와서 등 뒤로 다가가도 사내는 전혀 눈치 채지 못했습니다. 사내의 차림새가 너무 지저분하고 인상도 거친 것을 보고, 겁을 잔뜩 집어먹은 집주인은 경찰에 신고를 했습니다.

 신고를 받고 온 경찰은 사내 뒤로 바짝 다가가 양쪽에서 단단히 팔짱을 끼고는 사내를 끌어냈습니다. 그때까지 아무것도 모른 채 멍하니 집 안을 들여다보던 사내는 깜짝 놀라 소리를 질렀습니다.

 "아니, 이놈들이 왜 이러는 거야?"

 경찰은 사내를 붙잡은 손에 더욱 힘을 주며 대꾸했습니다.

 "우린 경찰이다! 넌 대체 누군데 남의 집을 그렇게 들여다보는 거냐?"

 하지만 경찰의 말을 알아듣지 못했는지, 사내는 격렬하게 뿌리치며 소리쳤습니다.

 "이놈들, 도대체 왜 이러는 거냐!"

 경찰은 이름을 말하지 않는 사내가 더욱 이상하게 생각되었습니다.

 "이름도 말하지 않는 걸 보니 더 이상하군. 보아하니 뜨내기인 모양인데……."

 "이거 놔! 내가 무슨 죄를 지었다는 거야!"

숭고한 예술가

경찰은 몰골이 꾀죄죄하고 옷차림도 허술한 이 수상한 사내를 경찰서로 끌고 가서 가두었습니다.

"이봐, 이름을 말해."

베토벤은 경찰의 입 모양을 보고 질문을 대충 짐작해서 대답했습니다.

"루트비히 판 베토벤이오."

"뭐? 베토벤? 네놈이 베토벤이면 난 모차르트겠다. 진짜 이름을 똑바로 말하지 못해?"

"진짜 이름이 루트비히 판 베토벤이오. 그리고 난 귀가 들리지 않소. 글씨로 써서 이야기합시다."

경찰과 한참을 실랑이하던 베토벤은 자신의 신분을 증명해 줄 수 있는 사람을 대야겠다고 생각했습니다. 베토벤은 비너 노이슈타트의 음악 감독으로 있는 대공의 이름을 말했습니다. 남에게 폐를 끼치고 싶진 않았지만 경찰이 베토벤의 말을 믿지 않았기 때문에 어쩔 수 없었습니다.

경찰은 늦은 시간 대공의 집으로 찾아가 자초지종을 말하고, 대공에게 사내가 진짜 베토벤인지 확인해 달라고 요청했습니다. 결국 자정이 다 된 시간에 대공이 경찰서로 달려왔습니다.

"이게 어찌된 일입니까, 베토벤 선생?"

숭고한 예술가

대공은 베토벤을 보고 깜짝 놀랐습니다. 베토벤은 겸연쩍은 얼굴로 대공을 바라보았습니다.

"이거 미안하게 됐습니다. 이자들이 제 말을 통 안 믿는군요."

대공은 경찰서장을 불렀습니다.

"당신들은 아직까지 베토벤 선생의 얼굴도 몰랐단 말이오?"

지금까지 베토벤에게 함부로 굴던 경찰은 얼이 빠진 표정을 하고 있었습니다.

"아니, 우린 이분이 정말 베토벤 선생인지 몰랐습니다."

"어쨌거나 이분의 신분은 내가 증명할 테니 그만들 하시오. 그리고 선생이 대체 어떤 잘못을 저질렀소?"

"아, 그건, 그러니까……. 우리가 신고를 받고 달려가 보니 글쎄 이분이 남의 집 창문 앞에 서서 안을 들여다보고 있지 않겠습니까? 그래서 경찰서로 데리고 온 겁니다."

"남의 집 안을 들여다본 것뿐이란 말이오?"

대공은 경찰을 노려보며 말했습니다.

"네. 이거 정말 죄송합니다. 베토벤 선생님, 저희는 그저……."

경찰은 얼굴이 벌개져서 베토벤에게 사과를 했습니다.

대공은 베토벤을 마차로 안내했습니다.

"오늘은 시간이 늦었으니 저희 집으로 가서 주무십시오. 저녁 식사는 하셨습니까?"

"저자들 때문에 아직 못했습니다."

"이런, 시장하시겠군요. 저희 집에 가셔서 간단하게 요기를 하시지요."

대공은 베토벤을 자기 집으로 데려가 저녁을 대접하고 침실도 내주었습니다. 다음 날 아침 일찍 경찰서장이 빈 시장과 함께 대공의 집으로 찾아왔습니다. 대공은 시장과 가볍게 악수를 했습니다. 물론 베토벤도 자리에 함께했습니다.

시장이 먼저 입을 열었습니다.

"이번 일은 저도 몹시 유감스럽게 생각합니다. 사과드리겠습니다."

"저야 뭐 상관없지만 베토벤 선생이 큰 고초를 겪으셨으니 직접 사과하십시오. 귀가 들리지 않으시니 여기에 적으셔야 합니다."

시장은 노트에 진심으로 사과한다는 글을 적어 베토벤에게 보여 주었습니다.

"선생님, 미처 몰라뵌 저희를 너그러이 용서해 주십시오. 워낙 나쁜 놈들을 많이 다루다 보니 경찰이 많이 거칠어진 모양입니다."

베토벤은 빙그레 웃었습니다.

"내 몰골이 의심 받을 만했던 모양이지요. 하지만 경찰이 그런 식으로 일을 하다간 억울한 사람들이 생길 수 있지 않겠습니까?"

경찰서장이 재빨리 적었습니다.

"앞으로 다시는 이런 일이 생기지 않도록 주의하겠습니다."

하지만 이즈음 빈에는 베토벤이 미쳤다는 소문이 공공연하게 돌고 있었습니다. 원래 괴팍하고 퉁명스러운 성격인 데다 귀가 들리지 않게 되면서 사람들을 멀리했기 때문에 그런 소문이 퍼진 것이었습니다. 어떤 사람들은 뒤에서 베토벤이 결국 미쳤다고 수군거렸습니다. 최고의 작곡가, 천재적인 음악가라는 찬사를 받고 있던 베토벤 역시 그 사실을 잘 알고 있었습니다.

카를의 자살 시도

1825년 4월, 베토벤은 피를 토할 정도로 큰 병이 들었습니다. 의사는 술과 커피는 물론 어떤 양념도 먹어서는 안 된다는 주의를 주고는, 시골로 요양을 가라고 권했습니다.

베토벤은 봄부터 가을까지 바덴에서 요양하면서 작곡을 했습니다. 베토벤이 많이 아프다는 소식이 전해지자 친한 친구 브로이닝이 문병을 왔습니다. 두 사람은 한동안 멀리 지냈으나 이 일을 계기로 옛날의 우정이 되살아났습니다. 다행히 건강도 좋아졌고 갈리친 공작이 주문한 현악 4중주도 거의 완성되었습니다. 기분이 좋아진 베토벤은 자신을 찾아온 친구들을 만나 포도주를 마시며 다시 유쾌한 시간을 보냈습니다.

1826년 10월, 베토벤은 친구 브로이닝의 집과 가까운 곳으로 이사했습니다. 베토벤은 브로이닝의 집에서 편안한 기분을 마음껏 즐겼습니다. 브로이닝의 가정은 귀여운 아이들이 재잘거리고 아름다운 아내가 알뜰하게 살림을 꾸려가는 평범하고 아늑한 곳이었습니다.

베토벤이 원하는 것이 바로 이런 생활이었습니다. 베토벤은 브로이닝의 부인에게 자기가 좋아하는 생선을 보내 요리해 달라고 부탁하기도 했습니다. 이제 늙고 지친 이 거장은 삶에서 가장 중요한 것이 이런 편안하고 따뜻한 일상이라는 것을 잘 알고 있었습니다. 베토벤에게 있어서 이런 평범하지만 아늑한 일상은, 늘 이루기 원했지만 평생 이룰 수 없었던 꿈이었습니다.

베토벤은 카를을 사이에 두고 지루한 법정 공방을 벌였던 카를의 어머니와도 화해했습니다. 카를은 자라 어느새 대학생이 되었고 큰아버지인 베토벤과 함께 살고 있었습니다. 카를의 어머니가 재혼을 했기 때문입니다. 베토벤은 카를의 어머니가 아기를 낳고 병이 들었는데 치료비가 없다는 안타까운 소식을 들었습니다. 베토벤은 주저하지 않고 의사를 통해 몰래 치료비를 보내 주었습니다.

베토벤은 하나밖에 없는 조카인 카를이 잘못된 길로 빠질까 봐 늘 근심이었습니다. 그래서 사람들을 시켜 카를이 누구를 만나 무엇을 하는지 일일이 감시했고, 불량스러운 친구를 만나면 잔소리를 하고 꾸짖었습니다. 이 때문에 베토벤과 카를은 심하게 말다툼을 벌이곤 했습니다. 카를은 큰아버지의 지나친 잔소리와 간섭으로부터 벗어나고 싶어 했습니다. 갈등이 점점 심해지자 카를은 결국 집을 뛰쳐나가고 말았습니다.

1826년 7월의 어느 날, 베토벤이 산책을 마치고 돌아오자 하인이 재빨리 편지 한 통을 건넸습니다. 베토벤은 편지를 읽다가 자기도 모르게 옆에 있는 의자에 풀썩 주저앉았습니다.

"안 돼, 카를! 그것만은 안 된다!"

그 편지에는 카를이 자살하겠다는 내용이 쓰여 있었습니다. 실제로 카를은 근처에 있는 동산에 올라가 자기 머리에 권총을 쏘았습니다. 어릴 때부터 어머니와 큰아버지가 자기를 사이에 두고 실랑이를 벌이는 모습을 보며 자랐기 때문에 카를 역시 마음고생이 심했습니다. 카를은 큰아버지가 자기를 괴롭힌다고 생각했습니다. 그래서 베토벤이 좀 더 나은 사람이 되기를 바랄수록 카를은 반대로 더 나빠졌던 것입니다.

다행히 총알은 두피에 박혔고, 마침 그곳을 지나던 마부가 카를을 발견했습니다. 카를은 마부에게 자기 어머니에게 데려다 달라고 부탁했습니다. 카를의 어머니는 베토벤에게 이 사실을 알렸습니다. 베토벤은 즉시 의사에게 편지를 써서 카를을 부탁했습니다. 카를은 한 달 넘게 병원에 입원해 치료를 받았습니다.

베토벤은 카를을 자기 아들로 입양시켜 비록 평민이지만 귀족 못지않게 좋은 교육을 시키고, 훌륭한 교양인으로 키우려고 했습니다. 그래서 제자인 체르니에게 피아노를 가르치도록 했지만 카를에게는 음악적 재능이 없었습니다. 그 다음엔 어학을 공부하도록 해 주었지만 카를은 그것도 싫다고 했습니다. 결국 카를은 공과 대학에 들어갔습니다. 사실 카를은 군대에 들어가고 싶어 했지만 베토벤은 군 입대를 허락하지 않았습니다. 그러고 나서 얼마 뒤 카를이 자살 시도를 한 것입니다. 카를의 자살 시도로 베토벤은 깊은 상처를 받았습니다.

베토벤은 버릇대로 창가에 우두커니 서서 바깥의 경치를 바라보았습니다. 밖에는 비가 내리고 있었습니다. 작은 빗방울이 두세 개씩 모여 커다란 방울을 이루었다가 그 무게에 못 이겨 밑으로 주르륵 흘러내렸습니다. 유리창에 수많은 빗방울이 흘러내리는 모양을 물끄러미 바라보는 거장의 등은 칠십 대 노인처럼 구부정했습니다. 이제 쉰여섯 살밖에 되지 않았는데 말입니다. 베토벤은 쓰라린 표정으로 말없이 서서 가쁜 숨을 몰아쉬었습니다.

하인이 문을 두드리고는 들어왔습니다.
"브로이닝 님이 오셨습니다."
"오, 그래? 들어오시라고 하게."
곧이어 친구인 브로이닝이 방으로 들어왔습니다.
"어서 오게나."

"카를 소식을 들었네. 자네가 얼마나 마음이 상했을지 짐작이 가네. 총알이 빗나갔다니 그나마 다행이지 뭔가?"

"그 아이만은 정말 훌륭하게 키우고 싶었는데 내 마음대로 안 되는군."

베토벤은 깊은 한숨을 내쉬었습니다.

"여보게, 세상에 내 마음대로 되는 일이 얼마나 있겠는가? 그만 힘을 좀 내게. 집사람이 자네에게 닭고기 수프를 보냈네."

"고맙네. 자네 부인에게 번번이 폐를 끼치는군. 내 곁에 자네가 없었다면 정말 견디기 힘들었을 거야."

"이제 그만 카를의 후견권을 포기하게. 해결책은 그 방법밖에 없어. 그리고 회복이 되면 그 아일 군대에 보내게나."

"결국…… 나는 정말 아버지 자격이 없는 건가?"

"지금으로선 그게 최선이야. 그 아일 입양한 과정부터 너무 무리였지. 자네도 할 만큼 했는데 저러니 이제 어쩔 수 없지 않겠나. 군대 생활은 카를에게 많은 도움이 될 걸세. 그 아이도 이제 철이 들겠지."

이렇게 해서 카를의 후견권을 놓고 벌였던 베토벤과 카를의 어머니 요한나 그리고 카를 본인의 투쟁은 비로소 끝났습니다. 하지만 이 일은 베토벤의 몸과 마음에 커다란 상처를 주었습니다.

불멸의 음악

위대한 예술가

세월이 흐를수록 베토벤이 만든 곡들은 완성도가 높아졌습니다. '함머클라비어' 소나타는 베토벤이 작곡한 소나타 중 가장 길고 어려운 곡입니다. 이 곡은 전문적인 피아니스트가 아니면 손도 대지 못할 정도로 어려웠습니다. 대단히 뛰어난 피아니스트만이 이 곡을 연주할 수 있었습니다.

루돌프 대공에게 헌정하기 위해 만들어진 '장엄 미사'는 엄연히 가톨릭의 종교 음악이지만 종교라는 틀을 뛰어넘는다고 평가 받고 있습니다. 베토벤은 이 곡을 쓰기 위해 주위 사람들의 도움을 받아 옛날 음악과 논문을 샅샅이 뒤져 연구했습니다. 베토벤의 요청에 로프코비치 공작과 루돌프 대공은 자신들의 도서관에서 마음껏 책을 빌려 가게 해 주었습니다. 덕분에 베토벤은 헨델이나 바흐 같은 거장의 작품에서 큰 영감을 받았습니다. '장엄 미사'는 전통에 깊이 뿌리내리고 있으면서도 동시에 자유롭고 개성적이라는 평가를 받았습니다.

또한 베토벤은 젊은 시절에 실러의 시 '환희에 부침'을 읽고 감동을 받아 나중에 이 시에 곡을 붙이기로 마음먹었습니다. 하지만 그 일은 생각처럼 쉽게 이루어지지 않았습니다. 베토벤의 생각으로는 어떤 음악가도 이 시를 뛰어넘을 수 없었기 때문입니다. 이 계획은 세월이 지나 베토벤의 마지막 교향곡인 교향곡 제9번 '합창'으로 실현되었습니다. 인류애와 인류의 평화를 노래하는 이 작품은 대단히 장대하고 웅장합니다.

1824년 5월에 열린 연주회에서 베토벤은 '장엄 미사'와 교향곡 제9번 '합창'을 발표했습니다. 관객들의 반응은 열광적이었습니다. 교향곡에 이처럼 대규모의 성악을 넣은 것은 서양 음악 역사에서 처음 시도된 것이었습니다. 연주가 끝나자 사람들은 모두 일어서서 우레와 같은 갈채를 보냈습니다.

"브라보!"

청중은 감격에 겨워 한참 동안 손뼉을 쳤지만 베토벤은 귀가 완전히 멀어 이를 전혀 눈치 채지 못했습니다. 그러자 독창을 한 가수가 무대 아래로 내려와 베토벤을 일으켜 세운 뒤 청중을 볼 수 있도록 몸을 돌려 주었습니다. 베토벤은 그제야 사람들이 모두 일어서서 자기에게 박수를 보내는 모습을 보고는 한 손을 들어 답례했습니다.

자기에게 보내는 박수 소리를 듣지 못하는 귀머거리 거장의 모습에 안타까워 눈물을 흘리는 사람들도 많았습니다. 이윽고 연주자들과 합창단원들도 모두 일어나 베토벤에게 진정에서 우러나오는 갈채를 보냈습니다.

그 당시는 황제가 입장할 때 박수를 세 번 되풀이해서 치는 게 관례였습니다. 그런데 연주회 당시 반응이 어찌나 열렬했는지 관객들은 베토벤에게 다섯 번이나 앙코르* 박수를 쳤습니다. 금방이라도 폭발할 것 같은 열렬한 분위기 때문에 경찰이 나서서 제지해야 할 정도였습니다.

앙코르 출연자의 훌륭한 솜씨를 높이 사 박수 등으로 다시 한 번 하기를 요청함.

베토벤이 마지막으로 작곡한 곡은 '디아벨리 변주곡'이었습니다. 이 곡은 33개의 변주로 이루어진 변주곡입니다. 1시간을 훌쩍 뛰어넘는 연주 시간 동안 대담한 표현과 변화무쌍한 연주 기교들이 펼쳐지는 이 곡은 지금까지도 연주자들이 가장 어려워하는 곡 중 하나입니다.

이처럼 거장 베토벤은 생의 마지막까지 작곡을 하는 데 열중했습니다. 이러한 노력 덕분에 더욱 깊이 있고 완성도 있는 작품들이 탄생할 수 있었습니다.

친구여, 박수를 치게

1826년 가을, 베토벤은 카를을 데리고 그나익센도르프에 있는 동생 요한의 집에 가기로 했습니다. 카를이 얼마 뒤 군에 입대하게 되어 있었으므로 모처럼 온 가족이 모여서 지내자고 요한이 초대한 것입니다.

요한과 요한의 아내는 이들이 편안하게 지낼 수 있도록 배려해 주었습니다. 베토벤은 언제나처럼 매일 그나익센도르프의 들판을 산책하면서 악상을 떠올리고, 집으로 돌아와서 작곡을 했습니다.

베토벤이 산책하는 모습은 아주 재미있었습니다. 오랜 시간 들판을 어슬렁거리며 돌아다니다 혼자 뭔지 알아들을 수 없는 소리를 지르디 손으로 박자를 맞추기도 하고, 빨리 걷다 천천히 걷다 하기를 반복했습니다. 그러다가는 갑자기 멈추어 서서 노트에 급히 무언가를 휘갈겨 적곤 했습니다.

점심 시간이었습니다. 요한의 아내는 까다로운 베토벤의 식사를 준비하기 위해 하녀와 바쁘게 움직였습니다. 이윽고 식사가 준비되자 베토벤과 카를, 요한이 식탁 앞에 앉았습니다. 이런저런 이야기를 하면서 밥을 먹던 베토벤은 갑자기 부리나케 하인을 불렀습니다.

"미카엘! 미카엘!"

미카엘이 얼른 식탁으로 다가왔습니다.

"예, 부르셨나요?"

"빨리 나가서 내 노트를 찾아봐. 없다고 그냥 오지 말고 샅샅이 찾아야 하네. 무슨 일이 있어도 그걸 찾아야 해."

요한이 걱정스럽게 물었습니다.

"형님, 언제나 들고 다니시는 그 노트를 잃어버리셨군요?"

"응, 악보를 적어 놓은 노트를 잃어버리다니. 나도 이제 정말 늙었나 보다."

"형님도 뭘 그깟 일로 그러세요? 저도 깜박깜박 잊어버릴 때가 얼마나 많은데요."

미카엘은 베토벤이 어떤 길로 산책을 다니는지 훤히 알고 있었으므로 늘 다니는 길을 되짚어 가 보았습니다.

얼마쯤 걸어가니 커다란 나무 아래 수풀 더미에 낯익은 노트가 떨어져 있는 것이 보였습니다. 미카엘은 얼른 주워 들고 안을 훑어보았습니다. 그로서는 알 수 없는 음표가 잔뜩 그려져 있었고, 가끔씩 이해할 수 없는 낱말도 적혀 있었습니다. 미카엘은 베토벤이 이 노트를 얼마나 아끼는지 잘 알고 있었습니다. 미카엘은 걱정이 되어 밥도 먹지 못하고 있을 주인에게 얼른 노트를 전해 주려고 집까지 단숨에 달려갔습니다. 미카엘이 숨이 턱에 닿도록 달려서 노트를 갖다 주자 베토벤은 기뻐 어쩔 줄 몰랐습니다.

"고맙네, 미카엘! 정말 고마워!"

베토벤과 카를은 처음에는 2주 정도만 쉬었다 가려고 했지만 그나 익센도르프의 자연 경관이 너무나 아름다워 요한의 집에서 겨울까지 묵게 되었습니다. 하지만 베토벤은 건강이 점점 나빠지는 것을 느꼈습니다. 음식을 먹지 못할 정도로 배가 아팠고, 다리에 물이 차서 점점 부어올랐습니다. 할 수 없이 빈으로 돌아가야 했습니다.

그런데 덮개가 있는 마차를 구할 수 없어서 베토벤과 카를은 할 수 없이 덮개가 없는 마차를 타고 빈으로 돌아왔습니다. 간신히 집에 도착했지만 궂은 날씨에 덮개도 없는 마차를 타고 오느라 베토벤은 이미 폐렴에 걸려 있었습니다.

카를은 큰아버지 곁에 꼬박 붙어 앉아 병간호를 했습니다. 두 사람은 이제 서로 싸우지도 않았고, 미워하지도 않았습니다. 12월에 카를이 군대에 입대하면서 집을 떠나자 베토벤은 카를에게 모든 유산을 남긴다는 유서를 썼습니다. 자신이 살 날이 얼마 남지 않았다는 것을 느꼈던 것입니다.

하루는 베토벤을 숭배하던 젊은 성악가 한 사람이 약혼녀를 데리고 문병을 왔습니다.

"선생님, 얼른 나으셔야지요."

약혼녀는 예쁜 꽃을 꽃병에 꽂아 베토벤의 머리맡에 두었습니다.

"이런, 내가 꽃 좋아하는 걸 어떻게 알았지? 오랜만에 꽃향기를 맡으니 정말 좋군그래. 자네는 운이 좋은 친구야. 저렇게 아름다운 아가씨를 아내로 맞이하다니 말일세."

"다음 달 제 결혼식에 꼭 오셔야 합니다."

"그래. 일어나면 내 가고말고. 그나저나 여보게, 자네 노래를 듣고 싶으니 한 곡만 불러 주게."

갑작스러운 노래 요청에 성악가는 당황했습니다. 더구나 자기가 존경하는 분 앞이라 긴장해서 그런지 목소리가 나오지 않았습니다. 같이 있던 친구가 사정을 설명하자 베토벤은 웃음을 터뜨렸습니다.

"이 사람아, 난 아무 소리도 듣지 못한다네. 그저 자네가 노래 부르는 모습을 보고 싶었어."

베토벤은 조금 나아지는 기미를 보이다가 이전보다 더 나빠지기를 반복했습니다. 의사들이 모여서 회의를 한 결과 살아날 가망이 없다는 결론을 내리고, 이제는 적극적으로 치료하는 대신 통증과 불안을 줄여 주기로 했습니다.

베토벤의 병세가 절망적이라는 소문이 돌자 옛 친구들이 모여들어 인사를 했습니다.

"이렇게 오래 누워 있는 건 자네답지 않아. 얼른 기운을 내게."

"자넨 아직도 써야 할 곡이 많지 않은가. 음악이 자넬 죽게 내버려 두지 않을 걸세."

1827년 3월 24일, 마침내 자신의 죽음이 얼마 남지 않았다는 것을 깨닫고 베토벤은 친구를 통해 이런 말을 남겼습니다.

친구여, 박수를 치게!
연극이 끝났으니…….

3월 26일, 빈에 먹구름이 짙게 깔리더니 비바람이 몰아치고 천둥 번개가 쳤습니다. 번개 한 줄기가 번쩍이며 베토벤의 방을 비추었습니다.

혼수상태에 빠져 있던 베토벤은 잠깐 눈을 뜨더니 오른손을 들어 올려 주먹을 불끈 쥐고는 공중을 뚫어지게 바라보다 숨을 거두었습니다. 음악의 거장이 결국 눈을 감은 것입니다.

베토벤의 장례식은 3월 29일에 치러졌습니다. 친척들과 친구들은 이웃 마을의 교구 묘지에 베토벤을 안장하기로 했습니다. 장례 행

렬은 베토벤이 살던 집에서 시작해 교회에 이르는 길을 한 바퀴 돈 뒤 이웃 마을까지 갔습니다. 악장 여덟 명이 관을 운반했고 베토벤과 가깝게 지낸 사람들이 횃불을 들고 관을 뒤따랐습니다. 합창단은 트롬본 반주에 맞추어 엄숙하게 노래를 불렀습니다. 그리고 당시 오스트리아 최고의 극작가가 추도사를 썼습니다. 베토벤의 관 바로 뒤에는 카를의 어머니인 요한나와 동생 요한, 브로이닝, 슈테판, 후멜, 슈베르트 등 생전에 그를 아끼고 사랑했던 친구들과 음악가들이 따랐습니다.

교구 묘지 가톨릭 교회를 지역적으로 나누는 단위인 교구에 속한 묘지.

역사상 최고의 음악가인 루트비히 판 베토벤이 마지막으로 가는 길에 함께하기 위해 엄청난 인파가 몰려들었습니다. 베토벤의 장례식에는 약 2만 명의 군중이 참석했다고 합니다.

운명에 맞서 승리한 사람

베토벤이 아름다우면서도 강렬하고 웅장한 곡을 내놓으면서 서양 음악은 단순히 '듣기 좋은 소리'를 뛰어넘기 시작했습니다. 뿐만 아니라 베토벤은 기존의 음악인 교향곡과 현악 4중주를 한 차원 높이 끌어올렸습니다.

베토벤은 고전주의의 형식을 끊임없이 파괴하며 발전해 나갔지만 이내 다시 고전주의로 돌아오곤 했습니다. 음악의 형식에서 앞으로 나아갔다 뒤로 다시 돌아오는 과정을 계속해서 되풀이하며 고전주의를 완전한 것으로 만들었습니다. 때문에 이후의 작곡가들은 다시 고전주의로 되돌아갈 수 없었습니다.

또한 베토벤은 경제적으로 후원해 주는 귀족들을 대상으로 음악을 만들던 선배 예술가들과 다른 삶을 살았습니다. 모차르트나 하이든은 귀족들과 주종 관계로 얽혀 있었지만 1820년대부터 베토벤은 악보 출판이나 연주회 개최 등으로 생계를 해결했습니다. 이로써 베토벤은 일부 귀족을 위해서가 아니라 많은 사람들을 위한 음악을 만들 수 있었고, 자신이 원하는 대로 프랑스 혁명의 이상에 헌신하는 음악을 만들 수 있었습니다.

주종관계 주인과 종의 관계. 즉, 명령을 하면 따라야 하는 관계.

베토벤의 작품 중 교향곡 제5번 '운명'과 제9번 '합창'은 후대의 작곡가들에게 가장 큰 영향을 미친 곡입니다. 리스트와 슈베르트, 브람스, 차이코프스키 등 걸출한 작곡가들이 베토벤의 음악을 이었지만 이들의 작품은 베토벤의 작품을 크게 넘어서지는 못했습니다.

프랑스의 작가 로맹 롤랑은 베토벤을 모델로 《장 크리스토프》라는 소설을 발표해 이 작품으로 노벨 문학상을 받았습니다. 롤랑은 베토벤의 음악이 유럽을 하나로 묶을 수 있다고 생각했습니다.

베토벤에게 열광한 사람은 로맹 롤랑만이 아니었습니다. 발자크 역시 모차르트와 베토벤의 음악에 열광한 작가였습니다. 발자크는 교향곡 제5번 '운명'에 감동을 받아 《세자르 비로토》라는 작품을 썼습니다. 작가이자 음악가인 독일 낭만주의의 거장 호프만은 베토벤의 음악을 듣고 수많은 감상평을 씀으로써 음악 평론의 시발점을 만들었습니다. 또한 러시아의 대문호 톨스토이도 베토벤의 바이올린 소나타 '크로이처'를 소재로 작품을 썼으며 제목을 《크로이처 소나타》로 지었습니다.

베토벤은 천재적인 음악성을 지니고 태어났지만 불행하게도 청각을 잃고 말았습니다. 그러나 시련 앞에서 무릎 꿇지 않고 작곡을 계속함으로써 베토벤은 운명에 맞서 승리한 사람으로 영원히 기억되고 있습니다.

오늘날에도 사람들은 여전히 베토벤의 음악을 들으며 가슴 속에 뜨거운 불꽃이 일어나기도 하고, 가슴이 뭉클해지는 감동을 느끼기도 합니다. 베토벤은 불멸의 음악으로 시간을 뛰어넘어 수많은 사람들의 가슴속에 지금도 살아 숨 쉬고 있습니다.

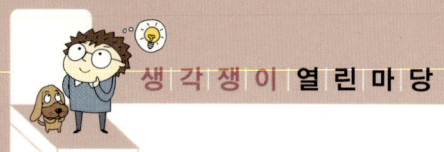

판소리와 오페라

　판소리는 한 사람의 소리꾼이 북 반주에 맞추어 서사적인 긴 이야기를 소리와 대사인 아니리, 몸동작인 발림으로 표현하는 공연 예술이다.

　판소리에 북으로 반주를 넣는 사람을 가리켜 고수라 하는데, 고수가 북을 치며 '으이', '좋지', '얼씨구' 같은 추임새를 넣으면 소리꾼이 거기에 맞춰 이야기가 담긴 노래를 들려주는 형식으로 공연이 진행된다. 판소리에는 원래 열두 마당이 있었다고 전해진다. 그러나 현재는 〈춘향가〉, 〈심청가〉, 〈흥보가〉, 〈수궁가〉, 〈적벽가〉 이렇게 다섯 마당만 전해지고 있다.

　오페라의 기원은 르네상스 말기의 이탈리아로 거슬러 올라간다. 1597년 피렌체의 베르디 백작 궁정에 모인 귀족들은 고대 그리스극을 상연하자는 의견을 냈다. 그렇게 해서 만들어진 것이 그리스 신화를 소재로 해 4개의 악기만으로 이루어진 음악극 〈다프네〉이다.

　그러나 우리가 일반적으로 알고 있는 최초의 완전한 오페라는, 초기 바로크 시대인 1600년, 프랑스의 앙리4세와 마리아 데 메디치의 결혼식 때

상연된 〈에우리디체〉라고 할 수 있다. 그리고 그 뒤 '오페라의 아버지'로 불리는 몬테베르디에 이르러 오페라는 비로소 현대와 같은 모습을 갖추기 시작했다.

우리는 흔히 판소리와 오페라를 비교해 판소리를 동양의 오페라라고 이야기하고는 한다. 물론 판소리와 오페라 사이에는 공통점도 있지만 다른 점도 많다.

우선 둘 다 노래와 관련된 음악 장르라는 점에서는 같다. 또한 대본에 있어서, 오페라의 음악 대본이 문학을 바탕으로 삼는 것처럼 판소리도 고전문학을 대본으로 엮는다는 점에서 비슷하다.

차이점도 있다. 판소리는 고수의 북 반주에 맞춰 소리꾼 한 명이 여러 역할을 번갈아 맡아 노래하는 반면, 오페라는 여러 사람이 각자 배역을 맡아 노래한다는 것이다. 또한 판소리에 비해 오페라는 음악, 문학, 연극, 미술적 요소들이 더 많이 들어간다고 말할 수 있다.

베토벤의 발자취

1783년(13세) 네페의 도움을 받아 '드레슬러의 행진곡에 의한 9개의 변주곡'을 작곡해 출판함.

1784년(14세) 본 오페라단에서 저음을 즉흥적으로 연주하는 연주자로 임명됨.

1787년(17세) 선제후로 있었던 막시밀리안 프란츠의 후원을 받아 빈으로 가서 모차르트에게 음악을 배울 수 있는 기회를 얻었으나, 어머니가 위독하자 2개월 만에 본으로 돌아와 아버지를 대신해 가족의 생계를 책임지게 됨.

1770년 독일 본의 음악가 집안에서 태어남.

1779년(9세) 크리스찬 고트로프 네페에게 음악을 배움.

1770 ─ **1780**

1762년 프랑스의 루소가 사회계약론을 발표함.

1765년 영국이 아메리카 식민지에서 각종 인쇄물에 인지를 붙여 세금을 거두는 인지법을 발표함.

1767년 그리스·몬테네그로·보스니아가 오스만 제국을 공격함.

1768년 흑해에서 발칸 반도, 카프카스로 진출하려는 러시아의 전통적인 동방 정책이 오스만 제국과 충돌하여 제1차 투르크·러시아 전쟁이 일어남.

1771년 러시아가 크림 반도를 점령함.

1772년 러시아·오스트리아·프로이센이 폴란드를 분할함.

1776년 미국이 영국으로부터 독립을 선언함.

1785년 에스파냐가 식민지 필리핀을 착취하기 위한 왕립 필리핀 회사를 설립함.

1788년 발트 해의 지배권을 놓고 러시아와 스웨덴 사이에 전쟁이 일어남(~1790).

1790년(20세) 황제 요제프 2세가 죽자 발트슈타인의 요청으로 요제프 황제의 장례식을 위해 '독창·합창·관현악을 위한 장례 송가'를 작곡. 런던 여행길에 본에 들른 하이든을 만남.

1792~94년(22~24세) 프랑스 혁명군이 라인란트 지역을 공략하자 본을 떠나, 빈으로 유학감. 솅크, 베르거, 하이든, 살리에리 등에게 음악을 배움.

1795년(25세) 빈에서 처음으로 공개 연주회에 등장해 자신이 작곡한 피아노 협주곡 2번과 모차르트의 협주곡을 연주함. 또 피아노 3중주곡을 발표함.

1796년(26세) 프라하, 드레스덴, 베를린을 여행함.

1800년(30세) 교향곡 제1번과 6곡의 현악 4중주곡을 발표함. 귓병이 나서 점차 악화됨.

1801년(31세) 제자였던 줄리에타에게 헌정된 피아노 소나타 '월광'을 작곡함.

1802년(32세) 자신의 병이 영구적이고 점차 악화되고 있음을 느낌. 두 남동생 앞으로 유서를 쓰고 연주자로서의 활동을 포기, 작곡에만 전념하면서 외부와의 접촉을 피함. 교향곡 제2번을 발표함.

1790

1800

1790년 미얀마가 청의 속국이 됨.

1796년 러시아가 페르시아를 침입해 페르시아·러시아 전쟁이 일어남(~1797).

1799년 발칸 반도의 몬테네그로가 오스만 제국에서 독립함.

1801년 영국이 아일랜드를 병합함.

1803년(33세) 오라토리오 '감람산 위의 그리스도'를 발표함.

1804년(34세) 교향곡 제3번 '영웅'을 작곡, 당초 나폴레옹에게 헌정할 생각이었으나, 나폴레옹이 스스로 황제에 즉위했다는 소식을 듣고 취소함. 이 교향곡을 기점으로 하이든이나 모차르트의 영향에서 완전히 벗어난 개성적인 스타일을 확립함.

1805년(35세) 교향곡 제3번 '영웅'을 발표함.
겨울 시즌 연주를 위해 위촉받아 작곡한 오페라 〈피델리오〉의 초연에 실패함.

1806년(36세) 〈피델리오〉를 손질하여 재연했지만 역시 실패함.

1808년(38세) 후원자였던 로프코비치 공작과 라주모프스키 백작에게 헌정하기 위해 교향곡 제5번 '운명'을 발표함. 자신이 직접 표제를 붙인 교향곡 제6번 '전원'을 발표함.

1809년(39세) 피아노 협주곡 제5번 '황제'를 발표함.

1810년(40세) 괴테의 시로 〈에그몬트〉를 작곡함.

1814년(44세) 프랑스 혁명과 나폴레옹 전쟁 후의 사태를 수습하기 위한 빈 회의가 열림(~1815).

1815년(45세) 빈의 명예 시민권을 얻음.
동생 카를이 죽자 조카 카를의 후견인이 됨.

1819년(49세) 완전히 들리지 않게 되어 의사소통을 위해 노트를 가지고 다니게 됨.
피아노 연주 수준이 점차 떨어지자, 연주 대신 작곡에 힘을 쏟기 시작함.

1810

1803년 완조 정부가 안남을 통일한 후 국호를 베트남으로 정함.

1806년 나폴레옹이 영국에 경제적 타격을 입히기 위해 유럽의 모든 나라들이 영국과 무역을 할 수 없도록 대륙 봉쇄령을 내림.

1808년 러시아가 스웨덴으로부터 핀란드를 빼앗음.

1812년 나폴레옹의 군대가 대륙 봉쇄령을 지키지 않은 러시아를 공격함.

1813년 에스파냐가 필리핀 식민지 헌법을 제정함.

1823년(53세) 루돌프 대공에게 헌정하기 위한 〈장엄 미사〉를 완성함. 작곡가 안톤 디아벨리가 보내 준 변주곡의 주제를 이용하여 33개의 변주로 이루어진 '디아벨리 변주곡'을 완성함.

1824년(54세) 프로이센의 왕 빌헬름 프리드리히 3세에게 헌정하기 위한 교향곡 제9번 '합창'을 완성, 초연에 직접 지휘를 맡음.

1827년(57세) 세상을 떠남. 장례식에 2만여 명의 조문객이 참석함.

1820 · **1830** · **1840**

1832년 영국에서 산업 혁명으로 성장한 자본가와 노동자들의 요구를 반영해 선거법을 개정함.

1840년 청나라가 영국의 아편 밀매를 금지하기 위해 아편을 몰수하면서 청나라와 영국 간에 아편 전쟁이 일어남.

1848년 프랑스에서는 산업 혁명으로 세력이 커진 중소 시민과 노동자들이 선거권 확대를 요구하며 2월 혁명을 일으킴.